세계사연표

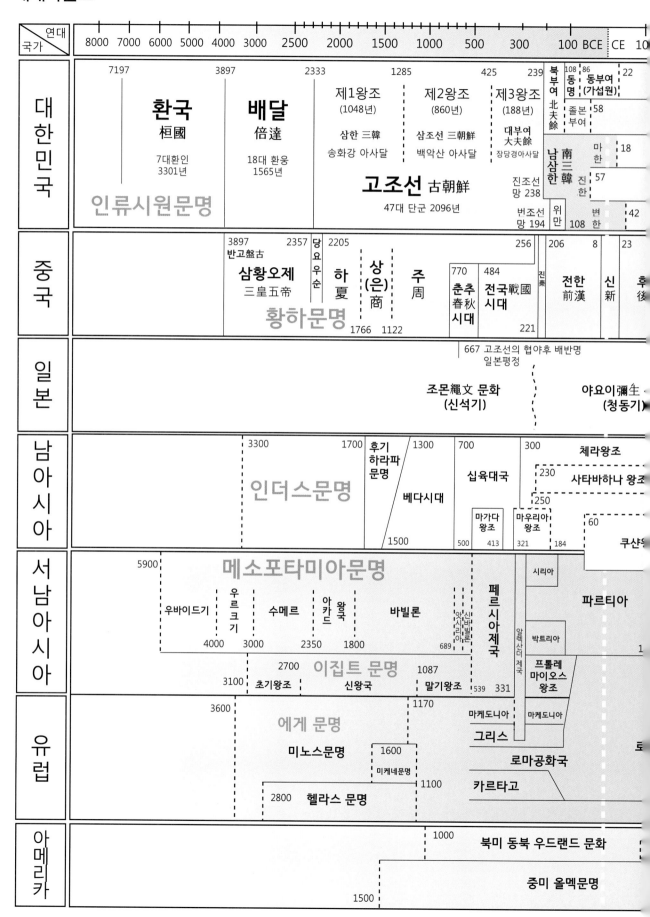

연대 / 국가

연대 축: 8000 7000 6000 5000 4000 3000 2500 2000 1500 1000 500 300 100 BCE | CE 10

대한민국
- 7197 / 3897 / 2333 / 1285 / 425 / 239
- 환국 桓國 — 7대환인 3301년
- 배달 倍達 — 18대 환웅 1565년
- 제1왕조 (1048년) — 삼한 三韓 / 송화강 아사달
- 제2왕조 (860년) — 삼조선 三朝鮮 / 백악산 아사달
- 제3왕조 (188년) — 대부여 大夫餘 / 장당경아사달
- 고조선 古朝鮮 — 47대 단군 2096년
- 진조선 망 238 / 번조선 망 194
- 북부여 北夫餘
- 108 동명 / 86 동부여 (가섭원) / 22
- 졸본부여 / 58
- 남삼한 南三韓 / 마한 / 18
- 진한 / 57
- 위만 108 / 변한 / 42
- 인류시원문명

중국
- 3897 반고盤古 2357 / 당요우순 / 2205 / 256 / 206 / 8 / 23
- 삼황오제 三皇五帝
- 하 夏
- 상(은) 商 — 1766
- 주 周 — 1122
- 춘추 春秋 시대 770
- 전국 戰國 시대 484 / 221
- 진秦
- 전한 前漢
- 신 新
- 후後
- 황하문명

일본
- 667 고조선의 협야후 배반명 일본평정
- 조몬繩文 문화 (신석기)
- 야요이彌生 (청동기)

남아시아
- 3300 / 1700 / 1300 / 700 / 300
- 인더스문명
- 후기 하라파 문명
- 베다시대 1500
- 십육대국 500 / 413
- 마가다 왕조
- 마우리아 왕조 321 / 184
- 체라왕조
- 사타바하나 왕조 230 / 250
- 60 쿠샨

서남아시아
- 5900
- 메소포타미아문명
- 우바이드기 4000
- 우르크기 3000
- 수메르 2350
- 아카드 왕국 1800
- 바빌론
- 아시리아 / 신바빌론 689
- 페르시아 제국 539 / 331
- 시리아
- 알렉산더 제국
- 박트리아
- 파르티아 1
- 프톨레마이오스 왕조
- 이집트 문명 — 2700 신왕국 / 3100 초기왕조 / 1087 말기왕조

유럽
- 3600 / 1170
- 에게 문명
- 미노스문명
- 미케네문명 1600 / 1100
- 헬라스 문명 2800
- 마케도니아
- 그리스
- 로마공화국
- 카르타고
- 로

아메리카
- 1000 북미 동북 우드랜드 문화
- 중미 올멕문명
- 1500

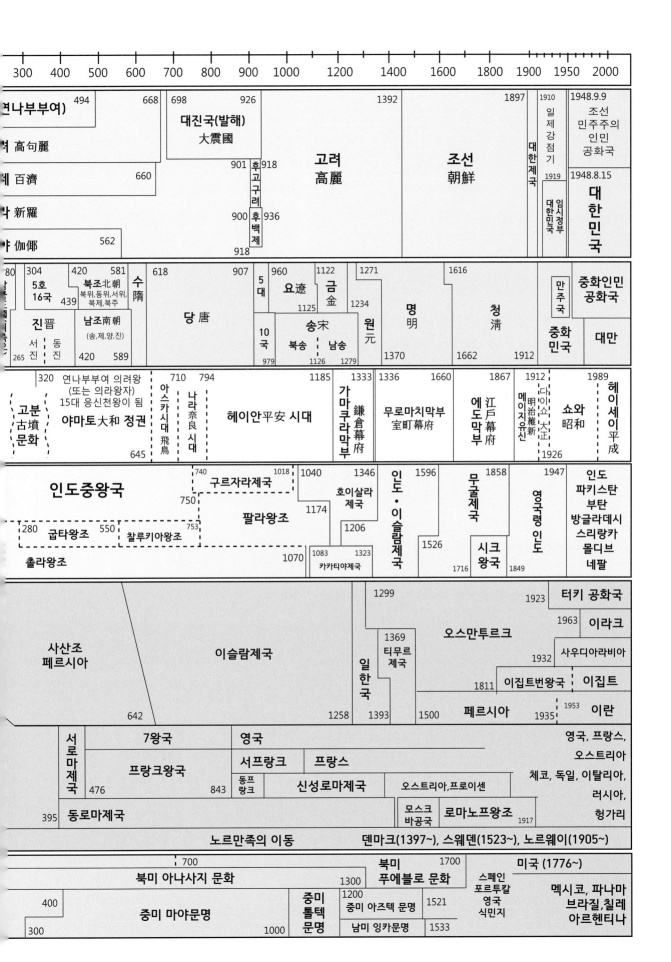

시대 구분표 (연표)

시간축: 300 400 500 600 700 800 900 1000 1200 1400 1600 1800 1900 1950 2000

한국

(연나부부여) 494 ~ 668 | 698 대진국(발해) 大震國 926 | 1392 고려 高麗 | 1897 조선 朝鮮 | 1910 일제강점기 | 1948.9.9 조선민주주의인민공화국
고구려 高句麗
백제 百濟 660
신라 新羅
가야 伽倻 562
901 후고구려 918 / 900 후백제 936 / 918
대한제국 / 1919 대한민국임시정부 / 대한민국
1948.8.15 대한민국

중국

80 / 304 5호16국 439 / 420 북조北朝(북위,동위,서위,북제,북주) 581 / 수隋 618 / 당唐 907 / 5대 960 / 요遼 1122 / 금金 1125 1234 / 1271 원元 1370 / 명明 1616 / 청淸 1662 1912 / 만주국 / 중화인민공화국 / 중화민국 / 대만
진晉 서진 265 동진 / 남조南朝(송,제,양,진) 420 589 / 10국 979 / 송宋 북송 1126 남송 1279

일본

320 / 고분古墳 문화 / 야마토大和 정권 / 645 아스카飛鳥 시대 / 710 나라奈良 시대 794 / 헤이안平安 시대 1185 / 1333 가마쿠라막부 鎌倉幕府 / 1336 무로마치막부 室町幕府 1660 / 1867 에도막부 江戸幕府 / 1912 메이지유신 明治維新 다이쇼大正 1926 / 쇼와昭和 1989 / 헤이세이平成

인도

인도중왕국 / 굽타왕조 280~550 / 찰루키아왕조 753 / 740 구르자라제국 1018 / 750 팔라왕조 / 1040 호이살라제국 1346 / 1174 / 1206 / 인도·이슬람제국 / 1596 무굴제국 1858 / 1526 시크왕국 1716 1849 / 영국령 인도 / 1947 인도 파키스탄 부탄 방글라데시 스리랑카 몰디브 네팔
촐라왕조 1070 / 1083 카카티야제국 1323

서아시아

사산조 페르시아 642 / 이슬람제국 / 1299 / 1369 티무르제국 1393 / 일한국 1258 / 오스만투르크 / 1923 터키 공화국 / 1963 이라크 / 1932 사우디아라비아 / 1811 이집트번왕국 이집트 / 1500 페르시아 1935 / 1953 이란

유럽

서로마제국 476 / 7왕국 / 영국 / 영국, 프랑스, 오스트리아
프랑크왕국 843 / 서프랑크 / 프랑스 / 동프랑크 / 신성로마제국 / 오스트리아,프로이센 / 체코, 독일, 이탈리아, 러시아, 헝가리
395 동로마제국 / 모스크바공국 / 로마노프왕조 1917
노르만족의 이동 / 덴마크(1397~), 스웨덴(1523~), 노르웨이(1905~)

아메리카

700 북미 아나사지 문화 1300 / 북미 푸에블로 문화 1700 / 미국 (1776~)
400 중미 마야문명 1000 / 중미 톨텍 문명 / 1200 중미 아즈텍 문명 1521 / 스페인 포르투칼 영국 식민지 / 멕시코, 파나마 브라질,칠레 아르헨티나
300 / 남미 잉카문명 1533

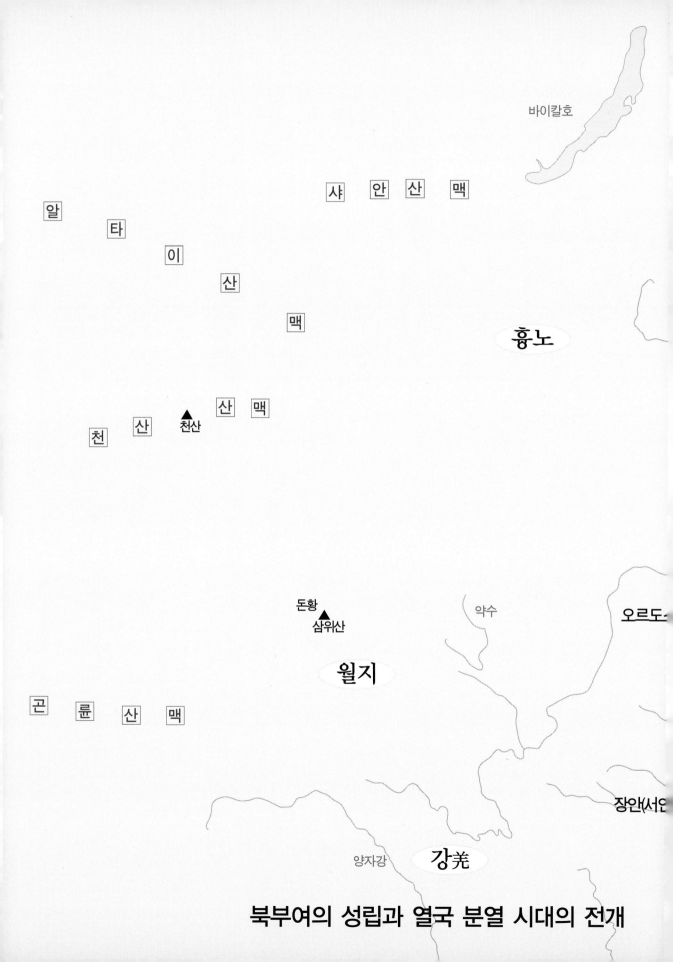

북부여의 성립과 열국 분열 시대의 전개

_____ 님께 드림

北夫餘紀

발행일	2009년 8월 14일 초판 1쇄
	2010년 4월 28일 초판 3쇄
	2010년 8월 2일 초판 4쇄
	2011년 1월 20일 초판 5쇄
역주	안경전
펴낸곳	상생출판
주소	대전시 중구 선화동 289-1번지
전화	070-8644-3161
팩스	042) 254-9308
홈페이지	www.sangsaengbooks.co.kr
출판등록	2005년 3월 11일 (제175호)
배본대행처	대원출판

ISBN 978-89-94295-02-2 03150

ISBN 978-89-94295-08-4 (세트)

북애거사 伏崖居士 범장范樟 찬撰

北夫餘紀

안경전安耕田 역주譯註

차례

가섭원 부여기

부록

『북부여기』는 어떤 책인가

1. 한민족사의 잃어버린 고리, 북부여

1) 부여사의 역사적 의미

한민족사에서 '부여'라는 이름으로 등장하는 나라는 하나가 아니다. **대부여, 북부여, 졸본부여(동명부여), 동부여(가섭원부여), 갈사부여(갈사국), 연나부부여(서부여), 남부여(백제)** 등 여러 부여가 나타난다. 이 중 대부여는 고조선 말 44세 구물단군 때 조선이란 이름을 바꾼 것이지만 역사 속에 처음 등장하는 부여라는 데 큰 의미가 있다. 그리고 동부여와 가섭원부여는 같은 나라의 다른 명칭으로 북부여의 태자 해부루가 동명왕 고두막한의 압력에 의해 가섭원으로 이주하여 세운 것이다. 졸본부여는 동명왕 고두막한이 세운 나라로, 후에 고구려의 시조 주몽이 나라를 세운 지역의 이름이기도 하다. 연나부부여(혹은 그 왕의 성을 따서 낙씨 부여 또는 서부여라고도 한다)는 동부여가 망한 후 고구려에 복속되었던 동부여의 유민집단으로 독립된 나라는 아니다. 남부여는 백제 말 제26세 성왕이 웅진(공주)에서 사비(부여)로 수도를 옮기면서 부른 이름이다.

마지막으로 북부여인데, 이 북부여가 부여사에서 가장 중요한 의미를 지닌 나라이다. 『환단고기』에 실린 부여사의 사서 이름이 『북부여기』인 것은 이 때문이다. 북부여는 고조선(대부여)의 국통을

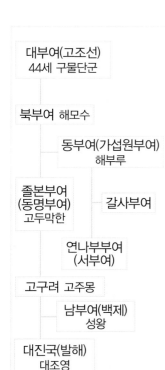

대부여(고조선)
44세 구물단군

북부여 해모수

동부여(가섭원부여)
해부루

졸본부여
(동명부여)
고두막한   갈사부여

연나부부여
(서부여)

고구려 고주몽

남부여(백제)
성왕

대진국(발해)
대조영

계승한 국가였고 그로부터 동부여, 고구려와 백제가 나왔다. 신라의 시조 박혁거세도『태백일사』「고구려국 본기」에 의하면 부여 황실의 딸 파소婆蘇가 만주로 부터 경주 지역으로 도피하여 낳은 아들이다. 요컨대 고조선에서 열국시대로 옮겨갈 때 중요한 고리 구실을 한 나라인 것이다. 그러나 우리는 부여의 역사를 잃어버렸다. **우리 상고사에서 잃어버린 고리, 부여사를 찾는 열쇠가 바로 이 북부여의 기원과 발전과정을 밝혀내는 일**이다.

북부여시대는 우리 역사에서 가장 혼란스런 격동의 시기였다.『단군세기』와『북부여기』에 따르면 북부여는 대부여(곧 고조선)가 망하면서 **해모수**가 **북부여**를 건국한 BCE 239년부터 북부여가 망한 BCE 58년까지 **180여 년**의 기간을 말한다. 연나라의 위만 일당이 번조선으로 망명하였다가 준왕의 왕위를 찬탈하고 소위 위만조선을 세웠다. 위만정권은 다시 한무제에 의해 멸망당하고 그 지역에 '**조선족의 4개 자치 군현**'이 설치되었다. 그 후 **고두막한**이 **졸본부여**(BCE 86~BCE 58)를, **해부루**가 동부여(BCE 86~CE 22)를 세웠다. 주몽이 고구려를 건국(BCE 58)한 것도 이러한 시대적 혼란기를 타고 이루어진 것이다.

북부여사는 이와 같이 고조선시대에서 열국시대로 열려 나가는 과정에서 두 시대를 연결하는 고리 구실을 하고 있지만 그동안 거의 제대로 알려지지 않았다. 지난날 사대주의 사가들과 일제하 식민사학자들은 **기자조선과 위만조선의 고조선 승계설**을 주장하며 **고조선과 부여의 계승 관계를 단절**시켜 놓았다. 즉, 그들은 대동강 일대의 고조선을 기자조선과 위만조선이 계승하였으며, 만주의 예맥족이 부여를 세웠고 여기서 고구려가 나왔다고 주장한 것이다. 그 결과 **배달국과 단군조선으로 내려오는 민족사의 국통맥**은 사라져 버렸다. **국통맥이 부여사에 와서 끊어지게 된 것**이다.

이처럼 역사가 왜곡된 까닭은, 주체성을 상실한 역사관 때문이기도 하지만 부여사에 대한 사료의 부족에도 있는 것이다. 이런 면에서 보자면 고려시대 복애거사 범장이 남긴 『북부여기』는 북부여와 동부여의 뿌리, 그리고 그 전개 과정을 상세히 밝힌 유일한 문헌으로서 우리 상고사의 잃어버린 고리를 찾을 수 있는 너무도 귀중한 자료이다. 또한 최근 문제되고 있는 **중국의 동북공정에 대한 적절한 대응을 가능하게 하는 열쇠**가 된다고 할 것이다.

2) 부여사에 대한 기존 인식

기존의 제도권 역사학계에서는 **부여의 기원**에 대해 명확하게 인식

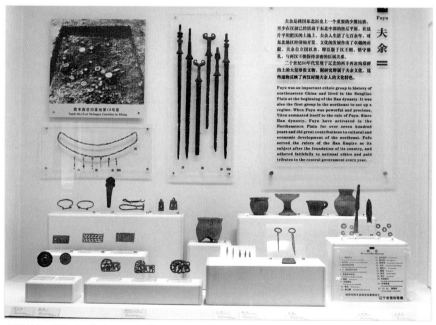

요령성 서풍시 서차구묘지 출토 부여 유물들 심양 요령성박물관 전시

을 하고 있지 못했다. 고등학교 국사 교과서를 보면 부여와 단군조선과의 계승 관계나 부여사의 전개 과정에 대해 아무 언급도 보이지 않는다. 교과서에는 부여가 철기의 보급과 함께 BCE 5세기경에 만주 송화강 유역에서 성립한 나라이고, 3세기 말에는 선비족의 침략을 받아 크게 쇠퇴한 이후 결국 고구려에 통합되었다고 서술하고 있다. 그리고 덧붙여서 부여의 몇 가지 풍습과 법을 소개하고, 고구려와 백제의 건국 세력이 스스로 부여 계통이라는 의식을 하고 있었다고 지적하는 정도로 부여사에 대한 서술을 끝맺고 있다.

국사 교과서에 반영된 기존 사학계의 이러한 부여사 인식은, 부여를 단지 고조선 후기에 만주에서 나타난 열국 중 하나로 보는 데 그친다. 고조선과의 계승 관계는 말할 것도 없고 부여의 자체 발전 과정을 전혀 해명하지 못하고 있다. 즉 **해부루가 가섭원에 세운 동부여(BCE 86)와 해모수가 세운 북부여(BCE 239)를 구분하지 못하는 것**이다. 그리하여 **졸본부여(일명 동명부여)를 세운 동명왕 고두막한을 고구려를 건국한 고주몽인 것으로 착각**해 왔다. 때문에 지금까지 고주몽을 동명왕으로 잘못 인식하고 있는 것이다.

이처럼 부여사를 잘못 인식하게 된 근본 이유는 무엇일까? 부여라는 국호가 어떻게 바뀌어 갔는가 하는 **국호 변경과 그 배경을 제대로 알지 못하기 때문**이다.

44세 구물단군 때 조선은 국호를 바꾸었다. 국가 통치 체제가 삼한관경제에서 삼조선체제로 바뀌면서 동시에 국호도 조선에서 **대부여(BCE 425)**로 바뀌었던 것이다. 후에 대부여를 계승한 해모수는 국호를 북부여라고 하였다.

『북부여기』에 의하면 북부여의 4세 고우루단군 재위 13년(BCE

108)에 고리국 출신의 고두막한이 의병을 모아 위만조선을 침범한 한나라 군을 격퇴하였다. 그리고 고두막한은 **졸본에서 즉위**하여 스스로 '**동명왕**'이라 하였다. 당시 졸본에서 건국하였기 때문에 이 나라를 졸본부여라 한다. 고두막한은 단군으로 추대되어 공식적으로 북부여를 계승하였다. 그리고 북부여의 왕손(4세 단군의 아우)인 해부루가 동쪽 변방으로 이주하여 동부여를 열도록 허용해 주었다. 또 68년에 동부여 3세 대소왕의 종제가 백성 만여 명을 데리고 고구려에 투항하였는데 고구려는 대소의 종제從弟(사촌 아우)를 부여왕으로 봉하여 연나부에 살게 하였다. 이것이 그 후 4세기 넘게 존속하였던 **연나부부여(서부여**라고도 한다)이다. 연나부부여는 고구려 문자열제 때인 494년에 나라를 완전히 고구려에 바치고 역사의 무대 뒤로 사라졌다.

이처럼 복잡한 역사 전개과정을 기존 사가들은 제대로 알지 못하였다. 이것이 부여사를 잘못 인식하게 된 출발점이다.

3) 부여사 사료의 한계

부여사에 관한 사료를 보면 한국과 중국의 부여사에 대한 기존 인식의 문제점과 한계가 잘 드러난다. 먼저 중국 측의 기록을 살펴보자.

중국 사서에서 부여에 대한 최초의 기록은 『사기』「화식열전貨殖列傳」에 나온다. "연나라는 북쪽으로 오환과 부여에 접하고 있다"는 아주 짧은 기록이다. 또 200년 정도 뒤에 나온 왕충王充의 『논형論衡』에는 부여의 건국 설화가 전한다. 『논형』의 설화에서 말한 부여는 북부여이다.

탁리국 임금을 모시던 시녀가 하늘 기운을 받아 아들을 낳자 임금이 불길하게 여겨 아기를 돼지우리와 마구간에 던져 넣어 죽게 하였다. 그러나 아기가 죽지 않고 자라 소와 말을 돌보는 노비가 되었는데 활을 잘 쏘았다. 임금이 동명에게 나라를 빼앗길까 두려워 죽이려 하자 동명은 남쪽으로 달아나 부여를 세웠다.

이 기록에서는 부여를 건국한 사람이 탁리국橐離國의 동명東明이라고 한다. 북부여를 구한 구국 영웅인 동명이 고구려를 건국한 주몽이 아니라는 것은 너무나 당연한 일이지만, 후대 사가들은 북부여 역사의 전개 과정에 대한 명확한 사료가 없어 두 인물을 혼동하였다.

부여에 대한 좀 더 상세한 기록은 3세기 서진西晉의 진수陳壽가 편찬한 『삼국지三國志』 「위서魏書」 〈동이전東夷傳〉이다. 여기에도 같은 건국 설화가 실려 있는데 다만 탁리국이 아니라 '고리국高離國'으로 되어 있다. 5세기에 편찬된 『후한서』 〈동이전〉이나 당태종의 지시로 편찬된 『진서晉書』 〈동이전〉 기록도 대동소이하다.

이러한 중국 사서들에서는 부여의 위치와 지형, 군왕과 제가諸加의 존재, 다양한 풍속 등이 소개되어 있다. 예를 들어 사람이 죽으면 다른 사람들을 죽여 함께 묻는 순장殉葬 관습, 형이 죽으면 형수를 아내로 취하는 형사취수제兄死娶嫂制, 은殷 정월(음력 12월)에 천제를 지내고〔以殷正月祭天〕축제를 행하는 영고迎鼓 등이 기록되어 있다. 『삼국지』 〈동이전〉에는 『후한서』의 기록과 달리 부여의 여러 왕의 명칭과 중국과의 관계에 대한 언급도 있다.

그런데 이러한 **중국 사서에서 말하는 부여는 '서부여'이다. 부여의 역사를 서부여의 역사와 동일시하고 있는 것**이다. 동부여가 망한 이후 서쪽으로 떨어져 나간 연나부부여가 소위 시부여인데 『삼국지』와

『진서』 등에 등장하는 부여왕 의라, 의려는 그러한 망명 부여의 왕이다.

그러면 우리나라 옛 사서에서는 부여를 어떻게 기록하고 있을까?

고려의 김부식이 편찬한 『삼국사기』「고구려본기」에는 **가섭원에 도읍한 동부여**에 대해 비교적 자세하게 기록하였다. 그것은 동부여에서 도피하여 나온 고주몽이 고구려를 건국하였기 때문이다. 그런데 김부식은 주몽을 동명왕으로 오인하여 해모수의 아들이라고 하였는데 이것은 앞에서도 말했지만 전혀 진실이 아니다. 해모수가 건국한 북부여를 제대로 알지 못하였기에 범한 착오인 것이다. 그런가 하면 2세 유리명제와 3세 대무신열제 조에서는 동부여와의 갈등과 전쟁을 정확하게 기록하였다. 『삼국사기』에 따르면 동부여는 3세 대무신열제 때 고구려에게 망해 합병되었다. 또 대소왕의 아우가 동부여에서 갈라져 나가 세운 갈사국에 대한 기록도 있다. 갈사

부여토기 요령성 서풍시 서차구묘지 출토

국은 고구려 6세 태조무열제 때 고구려에 병합(CE 68)되었다. 그리고 연나부부여의 성립과정과 그 멸망(CE 494, 고구려 21세 문자열제 3년)에 대해서도 기록하였다.

일연이 지은 『삼국유사』에도 북부여와 동부여에 대한 기록이 나온다. 북부여의 시조는 해모수라 바르게 적었지만 『삼국사기』와 마찬가지로 동명왕이 졸본부여, 즉 고구려를 세운 시조라 하였다. **북부여의 동명성왕 고두막단군과 고구려 건국 시조 고주몽성제聖帝를 같은 인물로 혼동**한 것이다. 동부여에 대해서는, 해부루왕 때 가섭원에 도읍한 것으로 기록하였다.

그리고 부여사의 진실을 밝혀줄 한 권의 사서가 바로 고려 말 범장이 지은 『북부여기』이다. 이 책은 위에서 소개한 다른 사서들보다 **부여의 연원과 국통의 계승**에 대해 훨씬 더 상세한 내용을 담고 있다.

복애 범장 선생 복룡사유허비 광주직할시 북구 생룡동의 범장 선생을 모신 사당인 용호재 옆에 있다.

2. 『북부여기』는 어떤 책인가?

1) 저자 범장范樟은 누구인가?

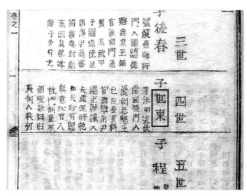
금성 범씨 대동보에 실린 복애에 대한 기록

범장은 고려 말 사람으로서 휘諱는 세동世東, 자는 여명汝明, 호號는 복애伏崖로 금성錦城(현 전라남도 나주) 출신이다. 통찬通贊 후춘後春의 아들이며 정몽주의 제자이다. 공민왕 18년(CE 1369)에 문과에 급제하여 덕령부윤德寧府尹에 이어 낭사郎舍의 책임자인 간의대부諫議大夫 등을 지냈으며, 두문동 72현 중 한 사람이기도 하다. 고려의 국운이 다한 것을 알고 사관仕官의 뜻을 꺾고 만수산萬壽山 두문동에 은거하였다.

태조 이성계가 조선을 건국한 후 세 번이나 불렀으나 관직에 나아가지 않았다. 뒤에 고향 금성으로 돌아가 생을 마쳤다. 사후에 후덕군厚德君에 봉해지고 문충文忠의 시호를 받았다. 개성의 표절사表節祠, 두문동서원杜門洞書院, 광주의 복룡사伏龍祠에 제향되었다. 묘소는 현재 광주시 광산구 덕림동에 있으며, 북구 생룡동에 사우祠宇 용호재龍湖齋가 있다. 저서로는 『화동인물총기話東人物叢記』와 『동방연원록東方淵源錄』, 원천석元天錫과 함께 편찬한 『화해사전華海師全』이 있다.

이맥의『태백일사』「고려국본기」에 따르면 **행촌 이암, 청평산인 이명**과 함께 범장은 양주의 천보산 태소암에서 소전거사를 만나 환단 시대 우리 역사에 관한 진귀한 고서들을 보았다고 한다. 그 고서를 기반으로 하여 행촌은『**단군세기**』를 지었고 이명은『**진역유기**震域遺記』를 썼으며 **범장**은『**북부여기**』를 찬하였다. 그리하여 우리 동방 역사의 맥을 바로잡는 데 결정적인 기여를 하였다. 특히 행촌과 범장은 고구려를 계승한 고려가 망국의 비운에 빠져 있는 것을 보고 부여사에 대한 인식을 같이하였다. 즉 고조선의 국통맥이 부여로 이어졌듯이 고려의 멸망 이후에도 국통맥이 단절되지 않고 이어지기를 바라는 간절한 마음에서『단군세기』와『북부여기』를 각각 집필한 것이다.

복애 범장 묘 광주 직할시 기념물 제 23호로 지정되어 있으며, 광산구 덕림동에 시조와 함께 안장되어 있다.

2) 『북부여기』의 주요 내용과 구성

『북부여기北夫餘紀』는 **시조 해모수로부터 6세 182년에 이르는 북부여 역사와 3세 108년에 걸친 가섭원부여(동부여) 역사**를 담고 있다. 북부여와 동부여 왕의 이름과 재위 연대는 다음과 같다.

〈북부여〉

시조 해모수解慕漱단군　재위 45년(BCE 239~BCE 195)

2세 모수리慕漱離단군　재위 25년(BCE 195~BCE 170)

3세 고해사高奚斯단군　재위 49년(BCE 170~BCE 121)

4세 고우루高于婁단군　재위 34년(BCE 121~BCE 87)

5세 고두막高豆莫(동명왕)단군　재위 49년(BCE 108~BCE 60)

6세 고무서高無胥단군　재위 2년(BCE 60~BCE 58)

〈가섭원부여(동부여)〉

시조 해부루解夫婁왕　재위 39년(BCE 86~BCE 48)

2세 금와金蛙왕　재위 41년(BCE 48~BCE 7)

3세 대소帶素왕　재위 28년(BCE 7~CE 22)

『북부여기』는 열국시대의 출발이자 고조선의 정통을 계승한 해모수의 **북부여 건국 이야기***, 북부여사의 틀이 바뀌는 동명왕 고두막한의 출현(**졸본부여와 동부여의 탄생**)과 이를 전후한 한 무제의 침략과 위만정권 내 번조선 유민의 조선족 독립전쟁인 소위 한사군 전쟁, 그리고 북부여 말기 **남삼한 성립사와 부여 잔여사**殘餘史로 이루어져 있다.

『북부여기』에서 우리가 기억해야 할 **가장 중요한 사실**은, **고조선**을

* 2008년 MBC에서 방영한 드라마 〈주몽〉에 나오는 해부루와 주몽 이야기의 배경은 동명왕 고두막한이 북부여의 5세 단군으로 제위에 오르게 되면서 4세 단군의 동생인 해부루가 동쪽으로 옮겨가 건국한 동부여이다.

계승한 나라이자 열국시대의 첫머리가 되는 나라가 바로 북부여라는 것이다. 북부여의 시조는 해모수이다.

그런데 『북부여기』에는 해모수가 건국한 북부여에 관한 기록 외에도 **남삼한南三韓의 기원**에 대한 귀중한 기록도 담겨 있다. 해모수 단군 때 번조선의 마지막 왕 기준은 위만에게 나라를 빼앗기고 황해를 건너 한반도 이남으로 망명을 하였다. 이때 제가諸加 무리가 **상장上將 탁을 받들고 월지(금마)에 나라를 세우고 마한이라** 했다. 당시 번한과 진한도 한반도 이남에 나라를 세웠는데 이로써 **한반도 한강 이남지역에서 남삼한 시대가 시작**되었다. 변한과 진한은 모두 마한의 명령에 복종하였다.

3세 고해사단군 조에는, 『삼국사기』에도 나와 있는 **낙랑 왕 최숭**이 마한 땅(지금의 평양)으로 옮겨가 나라를 세운 일을 기록하고 있다.

또한 『북부여기』에는 다른 사서에 전혀 나오지 않는 **고두막한에 대한 기록**이 있다는 점이 주목할 만하다.

4세 고우루단군 때에 한나라 무제는 위만의 손자 우거를 치기 위해 전쟁을 일으켰다. 한무제는 위만정권만을 정벌하려 한 것이 아니라 고조선을 계승한 북부여까지 완전히 집어삼키려 하였다. 이때 군사를 일으켜 의연히 일어나 나라를 구한 구국의 영웅이 바로 고두막한이다. 고두막한이 세운 나라가 졸본부여이다. 후에 **고구려가 바로 졸본부여를 계승하여 나라를 세운다**.

『북부여기』에는 고두막한에게 밀려 가섭원으로 쫓겨 간 해부루가 세운 **동부여 역사**가 간략하게 서술되어 있다. 해부루는 북부여 4세 고우루단군의 아우이다. 아들이 없던 해부루가 금빛 개구리 모양의 아이[금와金蛙]를 얻었다는 『삼국유사』의 내용이 여기에도 그대로 실려 있다. 이 금와가 바로 동부여의 두 번째 왕이다.

주몽의 탄생 이야기도 해부루왕 조에 같이 나온다. 여기에 실린 기록에 따르면 고주몽은 하백의 딸 유화의 아들이다. 그런데 유화를 유혹하여 임신을 시킨 사람은 해모수가 아니라 고모수高慕漱라고 한다. 『북부여기』에 따르면 고모수는 부여의 황손(해모수의 둘째 아들인 고진의 손자)이다.

동부여의 3세 대소왕은 『삼국사기』 「고구려본기」에도 여러 번 언급되었다. 대소왕이 고구려와 전쟁을 하게 된 계기와 대소왕의 죽음, 그리고 동부여 멸망에 대한 기록은 『삼국사기』 내용과 다른 점이 없다. 또 대소왕의 아우가 세운 갈사국의 유래와 그 멸망, 그리고 연나부부여에 대한 기록이 모두 『삼국사기』와 같다. 결국 **『북부여기』는 우리 역사의 국통에 관한 다른 사서들의 미비한 기록과 잘못된 역사인식을 바로 잡아 줄 수 있는 결정적 기록**이라 하겠다.

물론 「북부여기」에도 아쉬운 점이 없지는 않다. 연나부부여에 대한 기록이 거의 빠졌다는 점이 그것이다. 5세기 말 고구려 문자열제 때 나라를 고구려에 바쳤다는 기록 외에는 자세한 언급이 없다.

『삼국지』〈동이전〉과 『후한서』 등 중국 사서에 나오는 부여에 대한 기록은, 주로 2~5세기에 존재했던 연나부부여에 대한 것이다.

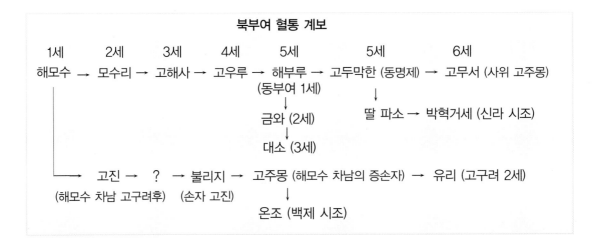

북부여 혈통 계보

1세	2세	3세	4세	5세	5세	6세
해모수 →	모수리 →	고해사 →	고우루 →	해부루 →	고두막한 (동명제) →	고무서 (사위 고주몽)
				(동부여 1세)	↓	
				금와 (2세)	딸 파소 → 박혁거세 (신라 시조)	
				↓		
				대소 (3세)		
↓	고진 →	? →	불리지 →	고주몽 (해모수 차남의 증손자) →	유리 (고구려 2세)	
(해모수 차남 고구려후)	(손자 고진)		↓			
			온조 (백제 시조)			

그런데『태백일사』「대진국본기」에는 연나부부여가 멸망한 후 일본으로 이주하여 일본을 정복하고 고대국가(4세기 야마토大和정권)를 건설한 부여의 왕자인 의라 이야기가 실려 있다. 나라를 세운 의라는 일본에 부여의 문화를 전파하게 된다.

3)『북부여기』의 의의

『북부여기』는 고조선이 망한 후 열국시대로 옮겨가면서 복잡하게 전개된 우리 역사의 국통맥을 분명하게 전해 주고 있다. 기존 역사학계에서는 고조선과 부여를 계승관계로 보지 않고 별도의 연원을 가진 국가로 생각하였다. 이것은 삼한을 보는 시각에서도 마찬가지이다.『북부여기』는 **모호하게 감추어져 있었던 북부여와 고구려, 동부여, 삼한의 연원을 드러내어 우리 한민족사의 뿌리를 밝혀주는 대단히 귀중한 기록**이다.

한민족 9천 년 역사에서 '가장 복잡한 국통 내용' 이 바로 부여사의 맥이다. 고조선 이후 고구려가 성립하기 이전인 열국분열시대, 즉 고조선을 계승한 북부여시대 약 180년은 우리 역사에서 공백의 상태로 남아 있었다. 가장 알기 어렵고 복잡한 전환기가 바로 이 시기이기 때문이다. 삼국시대로 넘어가는 역사의 고리인 북부여, 열국분열시대의 역사가 캄캄한 어둠 속에 갇혀 있었던 것이다.

이 왜곡 말살되고 드러나지 않은 역사의 고리를『북부여기』는 명확히 밝혀주고 있다. 한민족의 상고 시원역사시대와 삼국시대를 잇는 가교 역할을 한 부여사의 기원과 맥을『북부여기』를 통해서 정확히 알 수 있게 되었다. 그리하여 비로소 우리는 '한민족 국통체계'를 바로잡을 수 있게 된 것이다.

3. 『북부여기』가 전하는 부여사의 기원과 전개과정

1) 고조선의 대통을 이은 북부여

북애의 『규원사화』「단군기」에 따르면 고조선의 시조 단군왕검에게는 네 아들이 있었다. 첫째아들 부루는 태자로 삼아 제위를 물려주었다. 그리고 나머지 세 아들 부소夫蘇, 부우夫虞, **부여**夫餘에게는 모두 서쪽 땅을 주었는데 이것이 단군조선의 제후국인 구려句麗, 진번眞番, 부여夫餘이다. **부여**夫餘**라는 이름은 단군왕검의 넷째 아들 부여에게서 온 것**이다. 이 부여를 **원시부여**라고도 한다.

『단군세기』에 의하면 **부여라는 국호가 다시 등장**한 것은 고조선 말기, **44세 구물단군** 때였다. 43세 물리단군 36년(BCE 426), 우화충의 반란을 진압한 욕살 구물은 장수들의 추대로 이듬해 장당경에서 단군의 위位에 올랐다. 이때 구물단군은 나라 이름을 **조선에서 '대부여'로 바꾸었다.** 그리고 종래의 '**삼한**三韓'을 '**삼조선**三朝鮮'으로 **개칭**하였다. 이것은 기존 정치질서에 중대한 변화를 가져왔다. 즉, '**삼조선 체제**'로 **전환**되면서 삼조선이 모두 병권을 갖게 되었고, 이러한 병권 분립이 **고조선 몰락의 주요 원인**이 된 것이다.

이 체제는 우화충의 반역 사건을 진압하면서 국력이 급속도로 쇠약해진 데다 장수들의 추대로 단군이 된 정황에서 병권을 삼조선에 나누는 것이 오히려 세력 균형을 통해 국정을 안정시킬 수 있다는 판단에서 나온 것으로 보인다. 그러나 삼조선 체제의 시행으로 말미암아 단군은 허울만 대단군일 뿐 삼한을 통치하고 장악하는 권력이 크게 약화되고 말았다. 삼조선은 자치 국가에 가까워지게 되었던 것이다. **분권형 삼조선 체제는 결국 후반기에 '기자조선' 과 '위만정권' 이 들어서는 계기를 제공**하게 되었다.

여기서 **구물단군이 나라 이름을 '조선' 에서 '대부여' 로 바꾼 이유**는 구체적으로 무엇일까? 그것은 단군왕검의 막내아들 부여가, 당시 단군조선의 국정을 일신하고 통합하여 크게 하나 되게 한 역사를 본받아, 삼조선으로 분열된 삼한을 통일하겠다는 대통일 의지를 천명하기 위해서였을 것이다. 또한 단군조선의 국통을 계승한다는 의미도 있을 것이다.

그러나 이미 국력이 쇠약해져서 45세 여루단군 때부터 끊임없이 연나라의 침략을 받게 되었고, 46세 보을단군 때는 번조선 왕(70세 해인解仁)이 연나라 자객에게 시해를 당하는 일(BCE 341)까지 일어났다. 이러한 정황 속에서 오가의 권력다툼이 심해져서 **고조선의 중앙정부인 진조선의 내분이 심화**되었다. 보을단군 재위 46년(BCE 296) 한개韓介의 반란사건을 상장 고열가(물리단군의 현손)가 진압하였다. 이 무렵 고조선은 이미 망국의 운으로 빠져 들고 있었다.

47세 고열가단군 재위 57년(BCE 239), 고리국(탁리국) 출신의 해모수가 웅심산에서 군대를 일으켰다. 해모수는 백악산 아사달을 점거하고 **'북부여**' 를 세웠다. 또한 장수들도 용맹만 믿고 자주 분란을 일으켰다. 이처럼 국정이 극도로 어지러워지자, 재위 58년(BCE 238) 3월에 고열가단군은 제위를 버리고 입산하였다. 이로부터 진조선의 오가가 국사國事를 공동으로 집행하는 **'오가 공화제**' , 즉 '오가 연정五加聯政' 을 6년 동안 시행하였다. 그러나 대부여는 끝내 새 단군을 옹립하지 못하였다. 『북부여기』에 따르면 해모수단군 재위

8년(BCE 232), 진조선의 왕검성(장당경)을 찾아간 해모수가 오가五加에게 공화정 철회를 권유하였다. 이에 공화정이 철폐되고 **해모수는 북부여의 1세 단군이 되었다**. 이로써 진조선은 북부여에 흡수되면서 종말을 고하고 말았다.

『단군세기』에 따르면 당시 해모수는 수유국須臾國과 밀약을 하고 백악산을 점거하여 천왕랑天王郎이라 하였다. 권력을 잡은 후 수유후須臾侯 기비箕丕를 번조선 74세 왕으로 삼고 북부여를 세웠다.

건국 당시에는 대부여의 '북쪽'만을 관할하여 북부여라 불렀다. 해모수가 단군으로 등극할 때 서쪽과 남쪽에 번조선과 막조선이 남아 있었다. 대부여는 삼조선 체제로서 진조선, 번조선, 막조선으로 나뉘어 있었다. 해모수는 대부여의 일부인 진조선을 차지했던 것이다. 해모수는 **대부여의 국통을 계승한다는 의미에서 부여라는 이름을 바꾸지 않고 북부여北夫餘라 한 것**이다.

이 때 해모수단군은 고조선(대부여)을 계승하였으므로 고조선의 양 팔인 번조선과 막조선을 북부여의 제후국으로 삼았다. 삼조선 체제도 그대로 계승하여 두 나라의 이름은 그대로 유지시켰다.

2) 삼조선 체제의 해체

북부여의 삼조선 체제는 그리 오래 가지 못했다.

『북부여기』에 따르면 해모수단군 재위 말기인 BCE 194년 번조선이 먼저 역사의 막을 내렸다. 그 한 해 전, 번조선의 패망을 초래할 큰 사건이 일어났다. 위만이란 자가, 한고조의 왕비 여태후에게 숙청당할 것을 피해 번조선 왕 기준箕準에게 망명을 요청한 것이다.

준왕이 이 문제를 해모수에게 아뢰었지만 해모수단군은 병이 들어 제대로 처리하지 못했다. 해모수단군이 준왕에게 '위만을 받아들이지 말라, 굉장히 위험한 인물이다. 나라를 뺏긴다'라고 경고하면서도 결정을 내리지 못하고 붕어하였다. 병권이 삼조선에 분산되어 있었기 때문에 강력하게 왕권을 발휘하여 통제를 하지 못했던 것이다. 준왕은 마침내 위만을 받아 주었다. 그리하여 위만을 중국에서 망명해 온 사람들을 모아둔 상하운장上下雲障에 봉하였다.

당시 위만이 자리를 잡게 되자 위만의 세력에 위협을 느낀 번조선의 대부호 최숭崔崇은 BCE 195년 진귀한 보물을 싣고 낙랑산樂浪山에서 발해 바다를 건너와 막조선莫朝鮮(한반도 전 영역)의 도읍이었던 왕검성(현재의 평양)에 이르러 낙랑을 세웠다. 이전 BCE 238년, 진조선이 망하자 많은 유민이 막조선 땅인 한반도 남부로 이동하여 남삼한을 건설하였다. 최숭은 여기에 합류되지 않은 잔류 세력을 흡수하여 나라를 세운 것이다.

최숭이 나라를 연 이듬해인 BCE 194년, 위만의 한족 망명 집단은 자신들을 거두어준 조선을 배반하고 왕험성을 침탈하여 준왕을 쫓아내었다. 이로써 번조선은 75세 기준왕을 마지막으로 하여 역사에서 사라졌다. 이 사건을 구실로 삼아 위만의 손자 우거 때 한 무제가 위만정권을 공격해 오게 된다.

요컨대 북부여가 해모수단군 재위 8년(BCE 232)에 만주 땅 진조선을 흡수하여 고조선을 계승하였고, 40여 년의 세월이 흘렀을 때 막조선의 한반도 지역에 낙랑이 들어서고 요하 서쪽 번조선은 위만에게 왕위를 찬탈 당함으로써 삼조선시대가 완전히 막을 내리게 된 것이다.

이처럼 한민족의 통일국가였던 고조선이 역사에서 사라지자 북쪽에 북부여, 낙랑, 위만정권과 남쪽에 마한, 진한, 변한이 출현하여 **열국이 쟁패하는 시대가 도래**하게 되었다. 즉, **북부여시대는 고조선이 멸망한 이후 한민족 역사가 열국시대로 접어드는 분기점**이었던 것이다.

3) 고조선(삼조선) 유민들의 남삼한 건국

위만의 배반으로 번조선의 기준왕이 왕험성에서 쫓겨나면서 북삼한은 완전히 무너지고 혼란에 빠졌다. 위만 때문에 삶의 터전을 잃어버린 번조선과 막조선의 일부 백성들은 유민이 되어 새 정착지를 찾아 한강 이남으로 남천하여 남삼한을 수립하였다.

『북부여기』에 따르면, 2세 모수리단군 원년(BCE 194)에 위만이 반란을 일으키자 번조선 왕 기준은 바다로 달아났다. 번조선이 망하자 **상장**上將 **탁**卓이 무리를 이끌고 한반도 남부 지역으로 이동하여 **월지(현재의 익산 금마)에 중마한**中馬韓**인 월지국을 세웠다**. 변한과 진한의 유민 역시 각각 나라를 세우고 월지국 왕인 탁으로부터 100리에 봉함을 받아 도읍을 정하였다. 변한과 진한은 모두 '마한의 정령政令'을 받들었으며 세세토록 배반하지 않았다. 번조선의 유민이 세운 마한이 만주와 현 요서에서 이동해 온 진한(진조선), 변한(막조선)의 유민을 다스린 것이다.

삼조선(북삼한)의 유민들은 육로와 해로를 통해 한강 이남으로 내려와 상장 탁을 고조선시대의 대단군에 해당하는 **진왕**辰王**으로 세**우고, **옛 고조선 삼한의 정신을 되살려 새로운 삼한(남삼한)을 소규모로 재건**한 것이다. 진왕이 직접 다스린 마한은 삼한의 중심체(북삼한의 진한辰韓에 해당)로서 현 호남 지역에 자리 잡았고, 진한은 경북 지역에, 변한은 경남 지역에 자리 잡았다. 이리하여 남삼한 역사가 시작되었다.

그 후 남삼한은 소국가 연맹체로 각각 발전해 나갔다. 마한은 상장 탁이 익산에 세운 월지국을 중심으로 54개 소국가를, 진한은 경주를 중심으로 12개 소국가를, 변한은 김해를 중심으로 12개의 소국가를 거느렸다.

이러한 남삼한의 시작은 매우 중요한 역사적 의미를 띠고 있다. 바로 『단군세기』의 결론이라 할 수 있는 **한반도에 '간도수艮度數[※]' 가 처음 열리는 계기를 맞이**하게 되었기 때문이다.

BCE 239년에 고조선을 계승한 해모수가 북쪽에 북부여를 세웠다. 그리고 남쪽에는 BCE 195년에 최숭이 평양에 낙랑을 세웠다. 바로 이때가 우리 민족이 간도수 실현을 위해 간방인 한반도 남쪽 땅으로 좁혀 들어오는 첫 발자국을 떼는 시점이었다. 동북아문화를 개창한 종주宗主민족의 역사무대가 한반도로 축소되고 한강 이남으로 이동하는 결정적인 첫 계기가 **번조선의 준왕이 금강 이남으로 이동하여 자리 잡는 망명 사건**이다. 다시 말해서 준왕이 쫓겨 내려오면서 간도수의 문이 열리는 것이다.

이러한 천도天道와 인사人事의 일체 관계를 사대주의자들과 식민사학자들이 알 리가 없다. 그래서 남삼한을 **소한사관**小韓史觀을 정당화시키는 재료로만 삼고 있는 것이다. 소한사관이란 한민족의 역사무대를 한반도 땅 안으로 축소시키고 한반도가 고대 대한의 강토라고 주장하는 역사관을 일컫는다. **소한사관은 우리 고조선 역사, 즉 '대륙삼한'의 역사를 스스로 부정하는 어리석음을 저지르고 있다.**

※ 간도수란, 선천 우주의 정신에 따라 분열과 상극으로 점철된 역사를 끝맺고 통일과 상생의 가을우주 시대를 여는 사명을 한반도에 살고 있는 우리 한민족이 맡게 된다는 역사의 섭리이다.

4) 북부여의 제후국인 낙랑

『삼국사기』 「고구려본기」 대무신왕 조에 다음과 같은 기록이 있다.

> 여름 4월에 왕자 호동好童은 옥저 지방을 유람하고 있었는데, **낙랑왕
> 최리崔理**가 그곳에 출행하여 호동을 보고 묻기를, "그대의 안색을 보
> 니 보통 사람은 아닌 듯한데 혹시 북쪽 나라 신왕神王(대무신왕)의
> 아들이 아닌가?" 하고는 드디어 데리고 돌아와 딸로써 호동의 처를
> 삼도록 하였다.

이 기록을 보면 낙랑이 고구려 남쪽에 있었다고 하였다. 그리고
최리를 '낙랑태수樂浪太守'가 아니라 '낙랑왕樂浪王'이라 하였다. 『북
부여기』에는 3세 고해사단군 재위 원년(BCE 169) 정월에 낙랑왕
최승이 곡식 300석을 바쳤다는 기록도 있다.

그렇다면 대동강 부근에 있었던 **낙랑**은 어디서 유래한 것일까?
『북부여기』에 따르면 BCE 195년에 최승은 번조선 난하 유역(낙랑
산)에서 막조선 왕검성(현재의 평양 대동강 유역)으로 이동하였다.
최승이 한반도 전역을 차지하고 있던 막조선의 수도로 가게 된 것
은 북부여 해모수단군의 지원 또는 묵인하에 이루어진 것으로 추정
할 수 있다. 최승은 진조선의 오가 공화제가 해체되고 막조선도 마
지막 36세 부단군 맹남孟男을 끝으로 망하게 되자 막대한 재물을 갖
고서 막조선의 도읍지인 대동강 부근으로 이주한 것이다. 그리하여
그곳을 새로운 나라 낙랑의 도읍지로 삼았던 것이다.

한 무제가 설치하였다는 낙랑군은 대동강이 아니라 난하 하류 갈
석산 부근에 위치하였다. 고구려 대무신열제 때 멸망(CE 32)한 낙
랑은 호동왕자와 낙랑공주 이야기로 잘 알려져 있는 낙랑국으로 최

숭이 한반도 북부에 세운 나라이다. 즉, 낙랑군은 지금의 요서 지역에, 낙랑국은 대동강 유역에 그 중심지가 있었다. 전한前漢시대에 **대동강 유역에 있던 국가는 북부여의 제후국인 낙랑**이다.

5) 한나라를 물리친 구국 영웅, 고두막한

위만은 한나라 초기 한나라의 제후국인 연燕에서 온 망명객이었다. 그 일행은 좋은 말로 망명객이지 실제로는 도적 떼에 불과하였다. 한나라를 배반하고 번조선에 온 위만은 기준왕을 속여 왕위를 찬탈한 뒤 다시 한나라에 붙어 북부여를 여러 번 침탈하였다.

이에 북부여 2세 모수리단군이 상장 연타발延佗勃을 보내 방비하게 하였는데, 이 전쟁은 위만의 손자 우거 때까지 계속되었다. 기존 역사 문헌에는 이러한 사실이 모두 누락되어 있다. 우거 때에 이르러 이 정통성이 없는 한족 정권은 역사에서 사라지게 된다. **BCE 108년** 한나라 무제는 군대를 보내 번조선의 도읍 왕험성을 공략하였으나 번번이 실패하고 장기화 되면서 결국 이 전쟁이 위만정권 내 **'조선족의 독립전쟁'으로 비화**되어 내분으로 인해 위만정권이 무너

부여 철검 요령성 서풍시 서차구묘지에서 출토

지게 된 것이다.

한 무제는 이에 그치지 않고 다음 해에 요동 너머 북부여를 침공하였다. 이때 서압록 출신 고두막한이 의병을 모아 거세게 저항하여 마침내 한족을 물리치니 **한 무제의 동방 원정은 참담한 실패로 끝나고 말았다.**

이 때 **고두막한은 졸본에서 스스로 동명제**東明帝**라 칭하고 나라를 동명부여라 하였다.** 이 국호는 20년 후인 BCE 86년 민심을 얻은 동명왕이 북쪽에 있던 북부여를 통합할 때까지 지속되었다. 동명왕은 북부여 5세 단군으로 즉위하여 **북부여라는 국호를 그대로 계승**하였다. 그러므로 동명왕은 당시 한족의 침략에 맞서 나라를 구함으로써 한민족의 국통맥을 이은 북부여가 존속될 수 있게 한 구국 영웅이었다.

이 때 동명왕은 당시 북부여 4세 고우루단군을 이어 즉위한 해부루단군을 죽이지 않고 동북쪽 가섭원(현 흑룡강성 통하현) 땅을 다스리는 제후로 봉하였다. 이리하여 BCE 86년에 동쪽 부여인 가섭원부여가 탄생하였다. 이것이 『삼국사기』와 『삼국유사』에 나오는 동부여이다.

이후 BCE 58년에 이르러 북부여 6세 고무서단군의 사위로서 7세 단군으로 등극한 고주몽성제가 국호를 고구려로 바꾸었다. 이리하여 북부여는 182년 동안 지켜오던 국통을 고구려에 넘겨줌으로써 그 명을 마쳤다.

6) 북부여를 계승한 고구려의 건국과 동부여의 멸망

북부여 고두막단군을 이어 보위에 오른 6세 고무서高無胥단군은 BCE 59년 졸본으로 천도하여 즉위하였다. 당시에도 요동지역에서는 한漢나라와 북부여 사이에 전쟁이 치열하게 전개되고 있었는데 고무서단군은 이 전쟁을 진두지휘하여 여러 번 승리하였다.

고무서단군은 일찍이 고주몽이 범상치 않음을 알고 딸을 아내로 주어 사위로 삼았다. 재위 2년(BCE 58) 10월에 고무서단군이 붕어하였으나 후사가 없었으므로 고주몽이 유명을 받들어 제위에 올랐다. 그리고 나라 이름을 고구려로 바꾸었는데 **고구려는 옛 고리국**槁離國* 에서 따온 것이다.

조선이 망하고 분가해 나온 열국 가운데 고구려는 배달과 고조선의 국통을 이어받은 한민족사의 본류本流이며 확고부동한 중심이었다.

기존 사학계에서는 고구려가 부여에서 나왔다는 사실은 인정하면서도 여전히 일제 식민사학의 망령이 붙어 단군조선과 고구려의 계승 관계에 대해서는 거론하기를 꺼리고 있다. 그러나 『환단고기』의 기록을 근거로 삼지 않더라도 고구려가 단군조선의 정통을 계승한 사실을 입증하는 단서는 어렵지 않게 찾아볼 수 있다. 몇 가지 예를 들어보자.

고구려 고분 벽화에는 환인·환웅·단군 삼성조의 실존 역사를 압축하여 신화적으로 묘사한 부분이 남아 있다. 국내성 지역에 있는 장천 1호분 벽화에 환웅의 신시배달 건국과 관련된 그림이 있다. **신단수**神檀樹로 보이는 나무 아래 굴속에 곰이 안전하게 숨어 있고, 밖에서는 사냥 대상이 된 호랑이가 궁수의 화살을 피해 다니는 장

※ 고리국 : 고리국은 북부여의 시조 해모수와 후 북부여(졸본부여)를 세운 동명왕 고두막한이 태어난 고향이기도 하다(『단군세기』). 따라서 북부여의 모체라 할 수 있는 나라가 바로 고리국이다. 14세 치우 천황 때 청동기를 사용한 배달국은 '구리(구려)'라 불렸는데 동銅을 '구리'라 부르는 것은 우연이 아닌 듯하다. 구려는 구환九桓, 구이九夷라고도 불렸으며 고구려(고려·고리)의 어원이 되었다.

면이 그것이다.

또 하나는 각저총 벽화다. 벽화 가운데에 신단수가 있는데, 나뭇가지 위에 **새[神鳥]**가 앉아 있고 아래에는 나무를 중심으로 **곰과 호랑이**가 등을 돌리고 있다. 하늘(천산)에서 내려온 새는, 천산에서 내려온 **광명의 천손인 환웅족**을 상징한다. 나무는 환웅천황이 도읍한 태백산 신시의 신단수이다. 나무를 사이에 두고 등을 돌린 곰과 호랑이는 각각 웅족熊族과 호족虎族(예족濊族)의 토템인 곰과 호랑이를 상징하는 것이다. 고구려인들이 벽화에 배달 건국 신화를 그린 것은 **고구려가 배달과 고조선을 계승한 국가라는 의식을 갖고 있었기 때문**이다.

기존의 문헌 사료에서도 **고구려인들의 고조선 계승 의지**를 쉽게 찾아볼 수 있다. 『삼국유사』에서 고구려의 시조를 '단군의 아들'이라고 하였다. 『삼국지』「위서」〈오환선비동이전〉 고구려 조에는 "나라 동쪽에 '수隧'라고 하는 큰 굴이 있어 10월에 나라의 큰 대회에서는 임금이 그곳으로 가서 나무로 만든 수신隧神(환웅천황 또는 웅녀군으로 풀이됨)을 신좌神座에 모시고 제사를 지낸다"라고 기록되어 있다.

『삼국사기』에는 동천왕 21년(CE 247)에 평양성을 쌓았는데 이것이 본시 **'선인 왕검의 집[仙人王儉之宅]'** 이라고 강조한 기록이 있다. 이 역시 고구려의 고조선 계승 의지를 보여주는 내용이라 할 수 있다.

한편 고무서단군이 송양왕이라는 다음과 같은 주장도 있어 주목해 볼만 하다.

고무서단군이 송양왕이라는 것은 이규보가 『구삼국사』를 읽고 지은 『동명왕편』에서 확인된다. 주몽이 천제의 아들이라는 점을 내세우자 송양왕도 질세라 자신을 '**선인**仙人**의 후손**'이라 하며 맞받아쳤다. 여기서 **선인**仙人**은 곧 단군왕검**을 뜻하는 말이다. 계보를 살펴보면 고무서단군은 고조선(대부여) 마지막 단군인 고열가단군의 후손이고 **고주몽은 북부여 해모수단군의 현손**이다. 따라서 누가 고조선의 대통을 이은 적자인가 하는 문제로 갑론을박하였으나 좀처럼 해결되지 않았다. 그래서 언변과 기예(궁술)로 우열을 겨룬 것이다. 송양왕 이야기는 『삼국사기』「고구려본기」에도 엄연히 나오는 내용으로 고주몽이 송양 땅을 다물도多勿都라 하고 송양왕을 다물도주多勿都主로 봉했다는 기사가 덧붙여져 있다. 다물이라는 말은 고구려 말로 '**옛땅을 되찾는다**'는 뜻이다.

이 주장에 따르면 고주몽이 동부여에서 탈출하여 비류수 가에 처음 나라를 세울 때 비류수 상류에는 이미 송양국이 몇 대에 걸쳐 존립하고 있었는데 이 송양국이 북부여가 된다. 그리고 신생 고구려가 북부여를 계승하는 과정이 그리 순탄치 않았다고 볼 수 있다.

7) 백제의 건국과 남부여

백제의 뿌리 역시 부여이다. 백제의 건국에 대하여 『삼국사기』 기록은 다음과 같다. 백제 시조인 온조溫祚의 어머니는 소서노召西奴다. 소서노는 고구려 창업 공신인 연타발延佗渤의 딸로 동부여 왕 해부루의 서손庶孫인 우태優台에게 시집가서 두 아들 비류와 온조를 낳았다. 우태가 죽고 졸본에서 과부로 지내던 중 아버지 연타발이 고주몽의 창업을 도운 것을 계기로 고주몽성제의 왕비가 되었다. 유력 가문 출신인 소서노는 많은 재산을 갖고 있었다. 그리하여 고주몽이 고구려를 세우는 데 재물로 큰 기여를 하였다.

그런데 고주몽은 일찍이 동부여에 부인 예씨와 아들 유리를 남기고 왔다. 주몽은 유리가 오자 태자로 책봉하였다. 이렇게 되자 소서노가 낳은 아들인 비류와 온조는 장래를 걱정하게 되었다. 비류와 온조는 고구려 땅에 있는 것이 이로울 것이 없다고 생각하여 남쪽으로 이주하였다.

소서노의 두 아들은 패수와 대수를 건너 비류는 미추홀(오늘날의 인천 지역)에, 온조는 한강 이남에 정착하였다. 온조는 하남에 위례성을 쌓고 국호를 백제百濟라 하였다. 이것이 『삼국사기』에 전해지는 백제의 건국 사화이다.

『환단고기』「태백일사」에는 『삼국사기』의 내용과 약간 다르지만 좀 더 자세한 기록이 있다. 소서노는 주몽이 유리를 태자로 삼을 것이라는 말에 자기가 낳은 두 아들의 장래를 염려하였다. 그러던 중 사람들로부터 패대浿帶 땅이 기름지고 물자가 풍부하다는 소문을 들었다. 패대는 현재의 하북성 난하灤河 부근이다. 소서노와 두 아들은 남쪽으로 이주하여 발해 연안의 진번 사이 지역에 정착하였다. 그곳에서 밭을 사고 농장을 세워 많은 돈을 벌었다. 원근에서 그 소문을 듣고 가세하는 자들이 많았다.

기틀이 마련되자 소서노는 고주몽에게 사람을 보내 고구려에 귀속되기를 청하였다. 주몽은 이를 기뻐하며 소서노를 '**어하라**'에 책봉하였다. 어하라는 **백제의 초기 왕**을 말한다. 그러므로 백제는 사실상 소서노가 건국하였다고 볼 수 있다. 중국 사서에 백제의 건국지를 요서군에 있는 대방고지帶方故地라고 한 기록이 이를 입증해 준다 하겠다.

BCE 19년 소서노가 죽자 장자 비류가 왕위에 올랐다. 그러나 비류를 따르는 자가 없었다. 이때 마려를 비롯한 여러 사람이 온조에게 "마한의 쇠망이 임박하였으니 가서 도읍을 세울 때입니다" 하고 건의하였다. 그리하여 배를 타고 바다를 건너 한강 하구 미추홀에 도착하였다. 하지만 그곳은 땅이 척박하여 사람이 살지 않았다. 그래서 하남 위지성에 도읍을 정했다. 그리고 나라 이름을 백제라고 하였다.

『삼국사기』의 기록이든, 『태백일사』의 기록이든 **백제의 건국 주체는 부여족**이었다. 백제왕의 성씨가 부여씨인 것이 그것을 말해 준다. 백제가 옛 부여에 대한 계승 의식을 강렬히 유지한 것은 너무나 자연스런 일이다. 백제 26세 성왕(CE 523~CE 554)이 CE 538년에 웅진(공주)에서 사비(부여)로 천도하면서 부여족의 뿌리 깊은 전통을 강조하여 국호를 **'남부여'**라고 하였던 것도 이런 의식의 발로였다.

8) 부여 문화의 일본 전파

초기 일본 왕실은 부여계에서 나왔다. 일찍이 기다 사다기지喜田貞吉 등은 일본 왕실의 조상이 부여, 백제계였다고 밝힌 바 있다. 에가미 나오미江上波夫 동경대학 교수도 일본의 기원이 동북아시아의 부여와 고구려계 기마민족의 일본 정복에 있다는 기마민족국가騎馬民族國家설을 발표하여 학계를 뒤흔들었다. 에가미는 **부여계가 일본을 정복하여 일본 역사 최초의 고대 국가를 건설했다**고 주장하였다. 즉 부여계가 일본 서안(혹은 큐슈)에 상륙하여 지금의 나라奈良, 오사카 지방으로 진출하여 소위 **야마토大和 정권(CE 370)**을 세웠다는 것이다.

한반도에서 건너간 부여, 백제, 가야계 사람들이 일본 고대 국가를 건설하였다는 것은 이제 일본 학계에서 널리 받아들여지고 있다.

그런데『환단고기』「대진국본기」에는 의려국 이야기가 나온다. 의려국은 앞에서 언급한 연나부부여를 말한다. 의려왕에게서 나라를 물려받은 아들 의라왕은 중국 동진의 도움으로 나라를 재건하였다. 그러나 거듭되는 모용씨의 침략을 견디지 못하고 수천 명을 이끌고 바다를 건너 일본으로 갔다. 의라왕은 일본을 평정하여 왕이 되었다고 한다. 의라왕이 바로 15대 응신천왕應神天王이라는 것이다.

의려왕과 의라왕의 이름은『삼국지』〈동이전〉에도 보인다. 의려와 의라는 고구려 태조무열제 때 공손씨의 침략에 맞서 싸운 부여 왕 위구태尉仇台의 후손이다. 중국 사서에는 위구태 이후에 간위거簡位居 – 마여麻余 – 의려依慮 – 의라依羅로 서부여의 왕위가 이어졌다고 기록되어 있다.

『삼국지』〈동이전〉에는 부여 사람들은 잔을 씻어 술을 마시며, 또 통역이 말을 전하려고 하면 모두 꿇어 앉아 손으로 땅을 짚고 조용한 목소리로 말을 한다고 기록되어 있다. 이러한『삼국지』의 기록은 일본의 풍속이 부여와 유사했음을 드러낸 좋은 증거가 될 것이다.

결론적으로 말하면 **일본은 부여 문화를 그대로 가지고 건너간 한민족이 세운 나라**인 것이다.

응신천왕 킨키近畿지방의 하치만궁八幡宮에 전해오는 그림이다. 머리에 쓰고 있는 모자가 우리나라의 전통 방한모자인 남바위와 흡사하다.

두막루

동부여의 이동 경로

우수리강

동부여(가섭원부여)
(BCE 86~CE 22)
가섭원(통하)

갈사부여(갈사국)
(CE 22~CE 68)

아사달(하얼빈)

송화강

영고탑(해림)

북부여
(BCE 239~BCE 86)

동부여후
(CE 68)
훈춘

백악산(장춘.농안)
웅심산(서란)

서압록(요하)

대부여(고조선 44세 단군)
(BCE 425~BCE 238)

장당경(개원)

백두산

연나부부여(서부여)
(CE 68~CE 454)

심양

졸본부여(후북부여)
(BCE 86~BCE 58)
졸본卒本(환인)

적봉

연나부부여(서부여)
(CE 68~CE 454)

해성

백랑산

북경

평양

서부여의 7세 의라,
모용씨의 침략을 받고
일본으로 도망하여 응
신천왕이 됨

백제(남부여)
(CE 538 남부여로 국호변경)

부여

부여사의 흐름과 위치

부여夫餘의 기원과 부여사의 맥

세대	이름	재위	비고
단군조선 BCE 2333~BCE 238 (BCE 425년에 대부여라 칭함)			
1세	단군왕검王儉	BCE 2333 ~BCE 2241	구환九桓을 통일하고 신시의 옛 법도를 회복하여 아사달에 도읍, 조선 긴국. 삼한관경제로 분조分朝를 두어 통치. 막내아들 부여夫餘를 **부여후侯**로 임명.
44세	구물丘勿	BCE 425 ~BCE 397	BCE 425 나라의 위기를 극복하고자 **대부여大夫餘**로 국호를 변경. 삼한을 삼조선 체제로 변경하고 분조의 병권을 인정.
47세	고열가高列加	BCE 296 ~BCE 238	단군께서 제위를 버리고 입산. 오가五加가 과도기 공화정을 시작.
북北부여 BCE 239~BCE 86			
1세	해모수解慕漱	BCE 239 ~BCE 195	BCE 239 웅심산에서 일어남. BCE 232 오가의 공화정을 철폐하고 단군으로 추대됨. 해모수의 고향 이름을 따 고구려라고도 불림.
4세	고우루高于婁	BCE 121 ~BCE 87	위만정권 우거왕의 침입을 막은 해모수의 둘째 아들 고진高辰을 고구려후高句麗侯로 삼음.
졸본卒本 부여(후後 북부여) BCE 86~BCE 58			
5세	고두막한高豆莫汗 (동명東明왕)	BCE 108 ~BCE 60	진조선의 47세 고열가단군의 후손. 한 무제가 위만 정권을 무너뜨리고 동방 한민족을 압박해오자 의병을 일으켜 군세를 떨침. BCE 86 해부루를 압박, 정권을 양위받아 북부여 계승. 국명은 바꾸지 않았으나 졸본에서 즉위했으므로 **졸본부여**라 불림. 해부루는 가섭원으로 이주.

세대	이름	재위	비고
7세	고주몽高朱蒙	BCE 58~	BCE 79 해모수의 둘째 아들 고진의 손자 고모수高慕漱(혹은 불리지弗離支)와 하백녀 유화의 아들로 동부여 차릉岔陵에서 태어남 (고구려후 고진의 증손자이며 북부여 시조 해모수의 현손). 6세 고무서단군의 사위가 되어 북부여계승.

가섭원迦葉原 부여 (동東부여) BCE 86~CE 22

세대	이름	재위	비고
1세	해부루解夫婁	BCE 86 ~BCE 48	북부여 4세 고우루단군의 아우. 고두막한에 양위하고 가섭원迦葉原(차릉岔陵)으로 이주, **가섭원부여**를 세움. 동쪽에 있으므로 동부여라고 함.
3세	대소帶素	BCE 7 ~CE 22	고구려 대무신열제와의 싸움에서 전사. 유민들이 갈사부여와 연나부부여로 나뉨.

갈사曷思 부여 CE 22~68

세대	이름	재위	비고
1세	갈사曷思	CE 22~?	동부여 대소왕의 동생. 대소왕이 죽자 추종자들과 더불어 압록곡으로 달아나 갈사국曷思國 왕이 됨.
3세	도두都頭	CE ?~68	고구려 6세 태조무열제에게 나라를 바침. 동부여후東夫餘侯로 책봉됨.

연나부椽那部 부여 (서西부여) CE 68~494

세대	이름	재위	비고
1세	대소帶素 종제從弟	CE 68~?	백성들과 고구려에 투항. 고구려는 왕으로 삼아 연나부에 살게 함. 낙絡씨 성을 하사받음.
6세	의려依慮	?	개원에서 연나라와 가까운 백랑산으로 옮김. 선비 모용씨의 침략을 받아 아들 의라에게 양위하고 일본으로 도망하여 나라를 세움.

세대	이름	재위	비고
7세	의라依羅	?	모용씨의 침략으로 나라가 망하고 일본으로 도망하여 왕이 됨(일본 최초의 통일 왕조 야마토 왜를 세운 응신천왕).
		CE 494	잔존 세력은 고구려 21세 문자열제文咨烈帝에게 나라를 바침. 그 일부가 부여 북쪽으로 옮겨가 두막루豆莫婁를 세움.
백제百濟(남南부여) BCE 18~CE 660			
1세	온조溫祚	BCE 18 ~?	하남 위례성河南 慰禮城에 백제百濟 건국.
26세	성왕聖王	CE 523 ~CE 554	CE 538 웅진(공주)에서 사비성(부여)으로 천도, 국호를 **남부여南夫餘**로 고침.

북부여기
北夫餘紀

복애거사伏崖居士 범장范樟 찬撰

범장范樟(?~1395)

  자는 여명汝明, 호는 복애伏崖. 금성錦城(현 나주) 출신.

  고려조에 문과에 급제하여 벼슬이 덕령부윤德寧府尹, 간의대부諫議大夫에 이르렀다. 고려의 국운이 다함을 알고 사관仕官의 뜻을 버리고 두문동杜門洞에 들어가 통곡하여 말하되 "백이伯夷는 누구이며 나는 누구인고 하니 그 품절이 이러하더라" 하였다. 태조 이성계가 등극하고 세 번이나 불렀으나 나가지 않았고, 뒤에 고향 금성錦城으로 돌아가 세상을 마쳤다. 『충렬록忠烈錄』과 『해동삼강록海東三綱錄』에 실렸다. 저서로는 『동방연원록東方淵源錄』이 있는데 후세의 귀중한 사료가 된다(『한국인명사전』).

  『태백일사』 「고려국 본기」에 의하면 이명李茗과 함께 천보산天寶山 태소암太素庵에서 머무를 때 그 곳의 소전거사에게서 많은 기고지서奇古之書─환·단 이후로 전해 내려오는 역사의 진결桓檀傳授之眞訣이라 한다─를 얻어 이암은 『단군세기』를, 범장은 『북부여기』 상·하를 저술했고, 이명은 조선 숙종 때 북애北崖가 지은 『규원사화』의 저본底本이 된 『진역유기震域留記』 3권을 썼다고 한다. 범장의 초명初名은 세동世東이며 무덤이 현재 광주시 광산구 덕림동에 실전實傳하고 있다.

북부여기 상
北夫餘紀 上

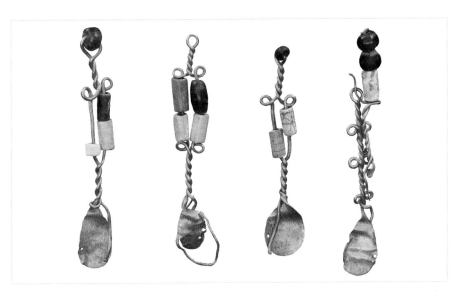

요령성과 길림성 경계에 있는 서풍시 서차구묘지에서 출토된 부여시대의 금 귀 걸이 부여계통의 유물이 가야 지역에서도 발굴되어 일부 학자는 가야의 기원을 부여로 추정하기도 한다.

시조 단군 해모수 재위 45년

고조선의 국통 계승자, 해모수

壬戌元年이라

帝는 天姿英勇하시고 神光射人하사

望之若天王郎이러시니

年二十三에 從天而降하시니

是檀君高列加五十七年壬戌四月八日也 라.

依熊心山而起하사 築室蘭濱하시고

戴烏羽冠하시며 佩龍光劒하시며

乘五龍車하사 與從者五百人으로 朝則聽事하시고

暮則登天이러시니 至是卽位하시다.

癸亥二年이라 是歲三月十六日에 祭天하시고

設烟戶法하시며 分置五加之兵하시고

屯田自給하사 以備不虞하시다.

姿-자태 자
天姿 : 타고난 모습

濱-물가 빈
戴-일 대
冠-갓 관
佩-찰 패

暮-저물 모

烟-연기 연
屯田 : 각 지방 주둔병의
군량을 자급하고 각 관
아의 경비를 충당하기
위해 미간지를 개척하여
경작케 한 전답
不虞 : 미처 생각하지 못
한 뜻밖의 일. 재난

시조 단군* 해모수 재위 45년

고조선의 국통 계승자, 해모수

해모수단군의 재위 원년은 임술(壬戌: BCE 239)년이라.

임금께서는 본래 타고난 기품이 영웅의 기상으로 씩씩하시고[天姿英勇], 신령한 자태는 사람을 압도하여[神光射人] 바라보면 마치 **천왕랑天王郎**[1] 같았다. 23세에 하늘로부터 내려오시니, 이때는 고열가단군 재위 57년으로 **임술년 4월 8일**[2]이었다.

임금께서 **웅심산熊心山**※에서 기병하여 난빈蘭濱에 제실帝室을 지으셨다. 머리에 **오우관烏羽冠**을 쓰고, 허리에 **용광검龍光劍**을 찼으며, **오룡거五龍車**를 타고 다니시니 따르는 사람이 5백여 명이나 되었다. 아침이 되면 정사를 돌보고, 날이 저물어서야 등천登天하셨다. 이에 이르러 즉위하셨다.

재위 2년 계해(癸亥: BCE 238)년, 3월 16일 **대영절大迎節**에, 임금께서 하늘에 제를 올리시고, 연호법烟戶法※을 만들어 백성을 살피셨다. 오가五加[3]의 군대를 나누어 배치하고 둔전屯田으로 자급하게 하여 뜻밖의 사태에 대비하셨다.

✳ 시조 단군 : 고조선 시대 뿐만 아니라 북부여 시대에도 역대 임금이 고조선을 계승하여 스스로 단군이라 칭했다.

✳ 웅심산熊心山 : 지금의 서란舒蘭.

✳ 연호법烟戶法 : 밥짓는 연기를 인가人家의 상징으로 한 데서 온 말이라 하며, 호戶 · 가家와 같은 의미라고도 한다. 연호법은 곧 지금의 호적법戶籍法과 같은 것이라 할 수 있다.

부여 철검

오가의 공화정 종결

諭-깨우칠 유

己巳八年이라 帝率衆하시고 往諭故都하시니
<small>기 사 팔 년　　제 솔 중　　왕 유 고 도</small>

撤-거둘 철

五加가 遂撤共和之政하다.
<small>오 가　　수 철 공 화 지 정</small>

推-받들 추
餘-남을 여
胎訓 : 태교
喀-뱉을 객
隆-성할 륭
襲-엄습할 습
穆-성 목
掠-노략질할 략

於是에 國人이 推爲檀君하니 是爲北夫餘始祖也시라.
<small>어 시　국 인　추 위 단 군　　시 위 북 부 여 시 조 야</small>

冬十月에 立公養胎母之法하고 敎人에 必自胎訓始하다.
<small>동 시 월　입 공 양 태 모 지 법　　교 인　필 자 태 훈 시</small>

壬申十一年이라 北漠酋長山只喀隆이
<small>임 신 십 일 년　　북 막 추 장 산 지 객 륭</small>

襲寧州하야 殺巡使穆遠登하고 大掠而去하다.
<small>습 영 주　　살 순 사 목 원 등　　대 략 이 거</small>

기준箕準이 마지막 (75세) 번조선 왕위에 오름

薨-죽을 훙
襲-이을 습

庚辰十九年이라 丕薨하니 子準이 襲父封하야
<small>경 진 십 구 년　　비 훙　　자 준　습 부 봉</small>

鄙-마을 비

爲番朝鮮王하고 遣官監兵하야 尤致力於備燕하다.
<small>위 번 조 선 왕　　견 관 감 병　　우 치 력 어 비 연</small>

先是에 燕이 遣將秦介하야 侵我西鄙하고
<small>선 시　　연　견 장 진 개　　침 아 서 비</small>

至滿番汗하야 爲界하다.
<small>지 만 번 한　　위 계</small>

辛巳二十年이라 命祭天于白岳山阿斯達하시고
<small>신 사 이 십 년　　명 제 천 우 백 악 산 아 사 달</small>

七月에 起新闕三百六十六間하고 名爲天安宮하다.
<small>칠 월　기 신 궐 삼 백 육 십 육 간　　명 위 천 안 궁</small>

癸未二十二年이라
<small>계 미 이 십 이 년</small>

黎-검을 여
狙-노릴 저
擊-칠 격
狙擊 : 숨어 있다가 갑자
기 치는 것을 말함
博-넓을 박
副-다음 부

滄海力士黎洪星이 與韓人張良으로
<small>창 해 역 사 여 홍 성　　여 한 인 장 량</small>

狙擊秦王政于博浪沙中이라가 誤中副車하다.
<small>저 격 진 왕 정 우 박 랑 사 중　　오 중 부 거</small>

오가의 공화정 종결

재위 8년 기사(己巳: BCE 232)년, 임금께서 무리를 거느리고 옛 수도에 가서 오가를 설득하시니, 오가가 드디어 공화정共和政을 철폐하였다. 이 때 백성들이 추대하여 단군으로 받드니, 이분이 바로 북부여의 시조이시다.

겨울 10월에, 태아를 가진 임신부를 보호하는 법[公養胎母之法]⁴⁾을 만들고 사람들을 가르칠 때 반드시 태교胎敎부터 시작하게 하셨다.

재위 11년 임신(壬申: BCE 229)년, 북막北漠*의 추장 산지객륭山只喀隆이 영주寧州를 습격하여 순사巡使 목원등穆遠登을 살해하고 크게 약탈한 뒤 돌아갔다.

기준箕準이 마지막 (75세) 번조선 왕위에 오름

재위 19년 경진(庚辰: BCE 221)년, 기비箕丕가 훙서薨逝✝하자 아들 준準⁵⁾이 아버지의 뒤를 이어 번조선 왕*으로 책봉되었다. 이에 임금께서는 관리를 파견해 군대를 감독하게 하여 연나라의 침입*에 더욱 힘써 대비하도록 하셨다. 이보다 앞서 연나라가 장수 진개秦介⁶⁾를 보내 번조선 서쪽 변방[西鄙]*을 침범하여 만번한滿番汗⁷⁾에 이르러 그곳을 국경으로 삼았다.

재위 20년 신사(辛巳: BCE 220)년, 임금께서 백악산 아사달에서 천제를 지내도록 명하셨다. 7월에 궁궐 366칸⁸⁾을 새로 짓고 이름을 천안궁天安宮이라 하였다.

재위 22년 계미(癸未: BCE 218)년, 창해역사 여홍성黎洪星이 한韓나라* 사람 장량張良과 함께 박랑사博浪沙에서 진왕秦王* 정政을 저격하였으나 오인하여 수행하던 수레[副車]를 부수었다.

* 북막 : '북쪽의 사막'이란 뜻으로 보통 고비 사막을 지칭한다. 따라서 여기서도 고비 사막을 비롯한 몽골 근처로 볼 수 있다.

✤ 훙서薨逝 : 제후나 왕족, 높은 귀족의 죽음을 이르는 말.

* 번조선 왕 : 삼조선 체제는 단군조선이 망한 뒤에도 상당 기간(BCE 238~BCE 195) 존속되다가 위만의 번조선 찬탈로 완전히 무너지게 되었다.

❊ 연나라는 BCE 222년에 진秦나라에 망했다. 이 기사는 번조선 71세 기욱箕煜 때인 BCE 300년경 발생한 사건이다.

❋ 서비西鄙 : '서쪽 궁벽한 변방'이라는 뜻으로 여기서는 현 북경 부근을 흐르는 백하白河 일대를 말한다. 바로 이곳에 훗날 위만이 망명하여 살던 상·하운장上下雲障이 있었다.

◪ 한韓나라 : 전국 시대 때 칠웅(秦楚燕齊韓魏趙)의 하나이다.

❀ 진왕秦王 : 자칭 '시황始皇'일 뿐, 한민족사 입장에서는 '진왕'이다.

陳-늘어놓을 진

임진삼십일년　　　진승　　기병
壬辰三十一年이라 陳勝이 起兵하니

秦-진나라 진

진인　　대란
秦人이 大亂하야

연제조민　　망귀번조선자　　수만구
燕齊趙民의 亡歸番朝鮮者가 數萬口라

분치어상하운장　　　　견장감지
分置於上下雲障하고 遣將監之하다.

緺-얽을 관
遼-멀 요
塞-변방 새
浿-강이름 패

기해삼십팔년　　　　연노관　부수요동고새
己亥三十八年이라 燕盧綰이 復修遼東故塞하고

동한패수　　패수　금조하야
東限浿水하니 浿水는 今潮河也라.

병오사십오년　　　연노관　반한　　입흉노
丙午四十五年이라 燕盧綰이 叛漢하야 入凶奴하니

黨-무리 당

기당위만　　구망어아　　제불허
其黨衛滿이 求亡於我어늘 帝不許시라

연　　　제이병불능자단
然이나 帝以病不能自斷하시고

機-틀 기

번조선왕기준　　다실기
番朝鮮王箕準이 多失機하야

博-넓을 박
劃-새길 획
障-가로막을 장
崩-천자의 죽음 붕
葬-장사지낼 장
麓-산기슭 록
漱-씻을 수

수배위만위박사　　　획상하운장이봉지
遂拜衛滿爲博士하시고 劃上下雲障而封之시라

시세동　제붕
是歲冬에 帝崩하시니

장우웅심산동록
葬于熊心山東麓하고

태자모수리　입
太子慕漱離가 立하다.

재위 31년 임진(壬辰: BCE 209)년, 진승陳勝*이 병사를 일으키자 진秦나라 사람들이 큰 혼란에 빠졌다. 이에 연燕·제齊·조趙나라 백성들이 번조선으로 망명해 온 자가 수만 명이나 되었다. 준왕이 곧 상하上下 운장雲障에 나누어 수용하고 장수를 파견하여 감독하게 하였다.

재위 38년 기해(己亥: BCE 202)년, 연나라 노관盧綰*이 다시 요동의 옛 요새*를 수리하고 패수浿水9)를 동쪽 경계로 삼았는데, 패수는 지금의 조하潮河※이다.

재위 45년 병오(丙午: BCE 195)년, 연나라 노관이 한漢나라를 배반하고 흉노로 달아나자 그 일당인 위만이 우리에게 망명하려 하였다. 임금(해모수)께서 허락하지 않았으나 병이 들어 능히 스스로 결단을 내리지 못하셨다.

이 때 번조선 왕 기준이 여러 번 기회를 놓치고 마침내 위만을 박사博士로 삼아 상하 운장을 떼어 주고 이를 지키게 하였다. 이 해 겨울에, 해모수단군께서 붕어하시니 웅심산 동쪽 기슭에 장사 지냈다. 태자 모수리慕漱離가 즉위하였다.

* 진승陳勝 : (?～BCE 208)은 하남성 등봉현登封縣의 빈농 출신으로 오광吳廣과 함께 진秦나라에서 농민 반란을 일으켰으나 6개월만에 실패하였다. 이 사건에 자극 받아 각지에서 반란이 일어났고, 유방·항우 등이 진나라를 토벌하는 군사를 일으켜 저 유명한 초한전楚漢戰 시대를 맞이한다.

※ 노관 : 패현沛縣 출신으로 한고조 유방과는 동향인이자, 동년 동월 동일에 태어난 친구지간이었다. 유방을 도와 한나라 건국에 공헌하여 연燕나라 왕에 봉해졌다. 그러나 BCE 195년에 한고조가 죽자 황후인 여태후呂太后가 강행한 유劉씨계와 공신 숙청의 화를 피해 흉노로 망명하였고 그 일당인 위만은 번조선으로 망명하였다.

※ 요동의 옛 요새 : 지금의 하북성 옥전현玉田縣의 서쪽 계현薊縣이다.

※ 조하潮河 : 지금의 북경 동쪽과 천진 북쪽을 흐르는 조백하潮白河이다. (57쪽 지도 참조)

二世檀君慕漱離 在位二十五年

고조선 삼한 유민들의 중삼한中三韓 건국

須-모름지기 수
臾-잠깐 유
嘗-일찍이 상
樹恩 : 은혜를 베풂
饒-넉넉할 요

정미원년　　빈조선왕기준　구거수유
丁未元年이라 番朝鮮王箕準이 久居須臾하야

상다수은　　민개부요
嘗多樹恩하니 民皆富饒라.

중마한의 시조 탁

流賊 : 여러 곳을 떠돌아
다니는 도적(한에서 들
어온 위만을 일컬음)
到-이를 도
謂-이를 위

후　위유적소패　　망입우해이불환
後에 爲流賊所敗하야 亡入于海而不還하니

제가지중　봉상장탁　대거등정　직도월지
諸加之衆이 奉上將卓하야 大擧登程하야 直到月支하야

입국　월지　탁지생향야　시위중마한
立國하니 月支는 卓之生鄕也라 是謂中馬韓이오

어시　변진이한　역각이기중　수봉백리
於是에 弁辰二韓이 亦各以其衆으로 受封百里하야

입도자호　개청용마한정령　세세불반
立都自號하고 皆聽用馬韓政令하야 世世不叛하다.

叛-배반할 반

무신이년
戊申二年이라

延-이끌 연
佗-다를 타
勃-갑자기 발
柵-울타리 책
厭-싫어할 염
擾-어지러울 요
屬-엮을 속
糧-양식 량
餉-건량 향

제견상장연타발　　설성책어평양
帝遣上將延佗勃하사 設城柵於平壤하야

이비적만　만역염고　불부침요
以備賊滿하니 滿亦厭苦하야 不復侵擾하다.

기유삼년
己酉三年이라

이해성　속평양도
以海城으로 屬平壤道하사

사황제고진　수지　중부여일역　실종양향
使皇弟高辰으로 守之하시니 中夫餘一域이 悉從糧餉하다.

2세 단군 모수리 재위 25년

고조선 삼한 유민들의 중삼한中三韓 건국

모수리단군의 재위 원년은 정미(丁未: BCE 194)년이라. 번조선 왕 기준이 오랫동안 수유須臾*에 있으면서, 일찍이 백성에게 은혜를 많이 베풀어 모두 풍요롭고 생활이 넉넉하게 되었다.

중마한의 시조 탁

후에 기준箕準은 떠돌이 도적[流賊] 위만에게 패하여 바다로 들어가 돌아오지 아니하였다. 이에 오가[諸加] 무리가 상장上將 탁卓을 받들고 대규모로 여정에 올라 곧바로 월지月支에 이르러 나라를 세웠다. 월지는 탁이 태어난 곳이다. 이를 일러 중마한中馬韓[10]이라 한다. 이 때 변한弁韓과 진한辰韓도 각각 그 백성과 함께 백리 땅에 봉함을 받아 도읍을 정하고 나라를 세웠다. 이들 변한·진한은 모두 마한의 정령政令을 따라서 그대로 행하고 세세토록 배반하지 않았다.

재위 2년 무신(戊申: BCE 193)년, 임금께서 상장上將 연타발延佗勃*을 보내 평양平壤*에 성책城柵을 세워 도적 위만을 대비토록 하셨는데, 위만도 괴로움에 질려서 다시는 침노하여 어지럽히지 아니하였다.

재위 3년 기유(己酉: BCE 192)년, 임금께서 해성海城을 평양도平壤道에 부속시켜 임금의 아우 고진高辰으로 하여금 지키게 하셨다. 이 때 중부여 사람들이 모두 식량 조달에 참여하였다.

※ 수유須臾 : 하북성 난하 유역에 있던 나라 이름. 중국과 무역을 하여 부를 축적함으로써 번조선의 중심 세력으로 성장하였다. 수유는 전국칠웅과 겨루며 고조선의 방패 역할을 하였고 대단군의 허락을 받아 번조선을 통치하였다. 한편으로는 진조선 내정에도 개입하여 해모수가 북부여를 건국하는데 힘을 보태기도 하였다.

※ 연타발 : 고구려의 개국 공신인 연타발과 동명이인이다. BCE 58년에 고구려가 건국되었으므로 고구려의 연타발과는 다른 사람이다.

※ 평양平壤 : 해성海城을 평양도에 속하게 하였다는 대목으로 보아, 여기서 말하는 평양은 지금의 만주 요령성 해성 지역임을 알 수 있다.

冬十月<small>에</small> 立京鄉分守之法<small>하사</small>

京則天王<small>이</small> 親總衛戍<small>하고</small> 鄕則四出分鎭<small>하니</small>

恰如柶戲觀戰<small>하고</small> 龍圖知變也<small>라.</small>

辛未二十五年<small>이라</small> 帝崩<small>하시니</small> 太子高奚斯<small>가</small> 立<small>하다.</small>

總-거느릴 총
衛-지킬 위
戍-시킬 수
鎭-누를 진
恰-마치 흡
柶-윷 사
戲-놀 희
奚-어찌 해

말을 공격하는 늑대문양의 동식패銅飾牌 요령성 서풍시 서차구묘지
에서 출토된 부여유물

겨울 10월, 수도와 지방을 나누어 지키는 법[京鄉分守之法]을 제정하여 수도는 천왕이 친히 군사를 거느려 위수를 총괄하고, 지방은 사방 네 개 구역[四出]으로 나누어 제가諸加가 진수鎭守※하게 하였다. 그 모습이 마치 윷놀이에서 말판 싸움을 보는 듯했으며, 용도龍圖*로 그 변화하는 법을 알아내는 것과 같았다.

재위 25년 신미(辛未: BCE 170)년, 모수리단군께서 붕어하셨다. 태자 고해사高奚斯가 즉위하였다.

※ 진수鎭守 : 군대를 요충지에 주둔시켜 엄중히 지킴.

* 용도 : 배달국 5세 태우의 환웅의 열두째, 막내 아들인 태호복희가 천하天河, 곧 송화강에서 하늘로부터 받은 우주의 창조 설계도 용마하도龍馬河圖를 줄인 말. 낙서洛書와 함께 한민족의 신교 철학인 음양오행과 팔괘 사상의 창조관, 인간관, 우주관의 신비를 벗기는 황금의 열쇠이다.

고조선 유민들에 의한 남삼한 성립

三世檀君高奚斯 在位四十九年

번조선 유민 최숭의 낙랑국 건설

壬申元年이라
임신 원년

正月에 樂浪王崔崇이 納穀三百石于海城하다.
정월 낙랑왕 최숭 납곡 삼백 석 우 해 성

先是에 崔崇이 自樂浪山으로 載積珍寶而渡海하야
선 시 최숭 자 낙랑산 재 적 진 보 이 도 해

至馬韓하야 都王儉城하니 是檀君解慕漱丙午冬也라.
지 마 한 도 왕 검 성 시 단군 해 모 수 병 오 동 야

癸丑四十二年이라 帝躬率步騎一萬하사
계 축 사 십 이 년 제 궁 솔 보 기 일 만

破衛賊於南閭城하시고 置吏하시다.
파 위 적 어 남 려 성 치 리

庚申四十九年이라 一羣國이 遣使獻方物 하다.
경 신 사 십 구 년 일 군 국 견 사 헌 방 물

是歲九月에 帝崩하시니 太子高于婁가 立하다.
시 세 구 월 제 붕 태 자 고 우 루 입

崇-높을 숭
穀-곡식 곡
載-실을 재
積-쌓을 적
珍-보배 진
躬-몸 궁
騎-말탈 기
閭-마을 려
置-둘 치
羣-무리 군
遣-보낼 견

四世檀君高于婁一云解于婁 在位三十四年

위만정권 우거왕의 침략과 고진의 격퇴

辛酉元年이라 遣將討右渠하시나 不利어늘
신 유 원 년 견 장 토 우 거 불 리

擢高辰하사 守西鴨綠할새 增强兵力하고 多設城柵하야
탁 고 진 수 서 압 록 증 강 병 력 다 설 성 책

能備右渠有功이라 陞爲高句麗侯하다.
능 비 우 거 유 공 승 위 고 구 려 후

討-칠 토
渠-도랑 거
擢-뽑을 탁
柵-울짱 책
陞-오를 승
侯-제후 후

58 북부여기

3세 단군 고해사 재위 49년

번조선 유민 최숭의 낙랑국 건설

고해사단군의 재위 원년은 임신(壬申: BCE 169)년이라. 정월에 낙랑 왕 최숭崔崇[11]이 해성에 곡식 3백 석을 바쳤다. 이보다 먼저 최숭은 낙랑산樂浪山[12]에서 진귀한 보물을 싣고 바다를 건너 마한 馬韓에 이르러 왕검성王儉城*에 도읍하였다. 이 때가 해모수단군 재위 45년 병오(丙午: BCE 195)년 겨울이었다.

재위 42년 계축(癸丑: BCE 128)년, 임금께서 친히 보병과 기마 병 1만 명을 거느리고 남려성南閭城에서 도적 위만을 격퇴하고 관 리를 두어 다스리게 하셨다.

재위 49년 경신(庚申: BCE 121)년, 일군국一羣國에서 사절을 보 내 방물*을 바쳤다. 이 해 9월에 고해사단군께서 붕어하셨다. 태 자 고우루高于婁가 즉위하였다.

4세 단군 고우루(일명 해우루) 재위 34년

위만정권 우거왕의 침략과 고진의 격퇴

고우루단군의 재위 원년은 신유(辛酉: BCE 120)년이라. 임금께서 장수를 보내 우거右渠를 토벌하게 했으나 이기지 못하였다. 이에 고 진高辰을 발탁하여 서압록*을 지키게 하니, 고진이 점차 병력을 증 강시키고 성책을 많이 설치하여 능히 우거의 침입에 대비하여 공을 세웠다. 고진의 벼슬을 높여 고구려후高句麗侯[13]로 삼으셨다.

* 왕검성王儉城 : 마한 왕 검성(백아강)은 낙랑 왕 최숭이 도읍했던 곳으 로 지금의 대동강 평양 을 말한다.

※ 방물方物 : ① 제후국이 상국의 임금께 바치던 지역 토산물. ② 관찰사 나 수령이 임금께 바치 던 그 고장 특산물.

※ 서압록 : 고대에는 지금 의 압록강뿐 아니라 요 하와 송화강, 흑룡강도 압록으로 불렀다. 『삼 국유사』 「순도조려順道 肇麗」에 "요수遼水는 일 명 압록鴨綠이었는데 지 금은 안민강이라고 부 른다[遼水一名鴨綠, 今云 安民江]."라고 밝혀 주고 있다. 동압록은 지금의 압록강이다. 서압록은 지금의 요하로 동서 압 록은 삼한의 경계를 흐 르던 강이다.

寇-도적 구

虜-포로 로

銳-날카로울 예
襲-습격할 습
破-깨트릴 파
薩-보살 살
黎-검을 려
悉-모두 실
閭-마을 려
虞-염려할 우

계 해 삼 년　　우 거 적　　대 거 입 구　　아 군 대 패
癸亥三年이라 右渠賊이 大擧入寇에 我軍大敗하야

해 성 이 북 오 십 리 지 지　　진 위 노 유
海城以北五十里之地가 盡爲虜有하다.

갑 자 사 년　　제 견 장　　공 해 성 삼 월 이 불 극
甲子四年이라 帝遣將하사 攻海城三月而不克하다.

병 인 육 년　　제 친 솔 정 예 오 천　　습 파 해 성
丙寅六年이라 帝親率精銳五千하사 襲破海城하시고

추 지 살 수　　구 려 하 이 동　　실 항
追至薩水하시니 句黎河以東이 悉降하다.

정 묘 칠 년　　설 목 책 어 좌 원
丁卯七年이라 設木柵於坐原하고

치 군 어 남 려　　이 비 불 우
置軍於南閭하야 以備不虞하다.

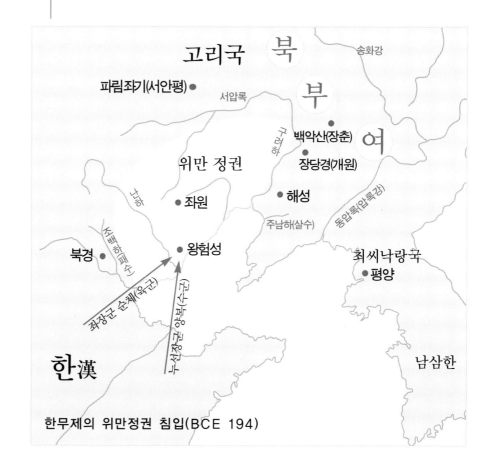

한무제의 위만정권 침입(BCE 194)

재위 3년 계해(癸亥: BCE 118)년, 우거의 도적이 대거 침략해 왔다. 우리 군사가 크게 패하여 해성 이북 50리 땅이 전부 약탈당하고 점령되었다.

재위 4년 갑자(甲子: BCE 117)년, 임금께서 장수를 보내어 해성을 공격했으나 석 달이 지나도 이기지 못하였다.

재위 6년 병인(丙寅: BCE 115)년, 임금께서 친히 정예 군사 5천 명을 거느리고 해성을 쳐서 격파하고, 계속 추격하여 살수薩水*에 이르셨다. 이로써 구려하九黎河(지금의 요하) 동쪽이 전부 항복하였다.

재위 7년 정묘(丁卯: BCE 114)년, 임금께서 좌원坐原*에 목책을 설치하고 남려南閭에 군대를 배치하여 뜻밖의 사태에 대비하셨다.

* 살수 : 여기서 살수는 요령성 개평현盖平縣 주남하州南河를 말한다.(정인보 설)

❈ 좌원坐原 : 위당 정인보는 좌원을 남만주 관전현寬甸縣 성동산城東山과 통화현通化縣 홍석납자紅石拉子의 중간에 있는 긴 평원平原이라고 하였다.(『조선사연구』, 122쪽) 그러나 BCE 115년에 요하 이동이 이미 모두 항복했다 했으니 이 좌원은 요하의 서쪽 대릉하大凌河 상류 능원현凌源縣 지역으로 추정된다.

사유사리문동경四乳四螭紋銅鏡
요령성 서풍시 서차구묘지 출토 부여시대 구리 거울

한 무제의 4군 설치를 위한 침략 전쟁과 고두막한의 격퇴

劉-죽일 유
徹-통할 철
寇-도적 구
那-어찌 나
滅-없앨 멸
仍-거듭 잉
汗-임금 한
應-응할 응
振-떨칠 진

계 유 십 삼 년   한 유 철   구 평 나
癸酉十三年이리 漢劉徹이 寇平那하야

멸 우 거   잉 욕 역 치 사 군   성 이 병 사 침
滅右渠하고 仍欲易置四郡하야 盛以兵四侵이어늘

어 시   고 두 막 한   창 의 기 병
於是에 高豆莫汗이 倡義起兵하야

소 지   연 파 한 구
所至에 連破漢寇하니

유 민 사 응   이 조 전   군 보 대 진
遺民四應하야 以助戰하니 軍報大振하다.

갑 오 삼 십 사 년
甲午三十四年이리

避-피할 피
難-어지러울 난
憂-근심 우

시 월   동 명 왕 고 두 막 한   사 인 래 고 왈   아 시 천 제 자
十月에 東明王高豆莫汗이 使人來告曰「我是天帝子라

장 욕 도 지   왕 기 피 지   제 난 지
將欲都之하노니 王其避之하라」帝難之러시니

시 월   제 우 환 성 질 이 붕   황 제 해 부 루   입
是月에 帝憂患成疾而崩하시고 皇弟解夫婁가 立하다.

해부루의 가섭원 부여 건국

脅-으를 협
已-그칠 이
頗-자못 파
蘭-난초 난
奏-아뢸 주
濱-물가 빈
迦-막을 가
葉-성 섭
膏-살찔 고
腴-기름진 땅 유

동 명 왕   이 병 협 지 불 이   군 신   파 난 지
東明王이 以兵脅之不已어늘 君臣이 頗難之러니

국 상 아 란 불   주 왈   통 하 지 빈 가 섭 지 원   유 지
國相阿蘭弗이 奏曰「通河之濱迦葉之原에 有地하니

토 양 고 유   의 오 곡   가 도
土壤膏腴하야 宜五穀하니 可都라」하고

수 권 왕   이 도   시 위 가 섭 원 부 여   혹 운 동 부 여
遂勸王하야 移都하니 是謂迦葉原夫餘오 或云東夫餘라.

한 무제의 4군 설치를 위한 침략 전쟁과 고두막한의 격퇴

재위 13년 계유(癸酉: BCE 108)년, 한漢나라 유철劉徹(무제)이 평나平那*를 침범하여 우거를 멸하더니 그곳에 4군四郡[14]을 설치하려고 군대를 크게 일으켜 사방으로 쳐들어왔다. 이에 고두막한이 구국救國의 의병을 일으켜 이르는 곳마다 한나라 도적을 격파하였다. 이 때 유민이 사방에서 호응하여 전쟁을 지원하니 군세를 크게 떨쳤다.

재위 34년 갑오(甲午: BCE 87)년, 10월에 동명왕東明王 고두막한이 사람을 보내어 고하기를, "나는 천제의 아들[天帝子][15]이로다. 장차 여기에 도읍하고자 하나니, 임금은 이곳을 떠나도록 하시오."*하니 임금께서 난감하여 괴로워하셨다. 이 달에 고우루단군께서 근심과 걱정으로 병을 얻어 붕어하셨다. 아우 해부루解夫婁가 즉위하였다.

해부루의 가섭원 부여 건국

동명왕이 군대를 보내어 계속 위협하므로 임금과 신하들이 몹시 난감해하였다. 이때 국상國相 아란불阿蘭弗*이 주청奏請하기를 "통하通河 물가에 가섭원迦葉原*이란 곳이 있는데, 토양이 기름져서 오곡이 자라기에 적합하니 가히 도읍할 만한 곳입니다" 하였다. 임금께 권유하여 마침내 도읍을 옮기니, 이 나라를 가섭원 부여迦葉原夫餘, 혹은 동부여東夫餘라고 한다.

※ 평나 : 지금의 하북성 창려昌黎이다.

※ 이 말은 종래 북부여 해모수가 아란불阿蘭弗에게 한 것으로 『삼국사기』 등에 기록되어 있다.

※ 아란불 : 동부여의 재상으로 『삼국사기』 「고구려본기」와 『삼국유사』 「동부여」에도 보인다.

※ 가섭원迦葉原 : 가섭원의 전거는 『삼국사기』 「고구려본기」〈동명왕〉조에도 보인다. 가섭원은 지금의 만주 흑룡강성 통하현通河縣이다.

북부여기 하
北夫餘紀 下

五世檀君高豆莫 一云豆莫婁
在位二十二年 在帝位二十七年

동명왕 고두막한의 북부여 재건과 시대 배경

癸酉元年이라 是爲檀君高于婁十三年이라.

豪-뛰어날 호
豪俊 : 재덕이 뛰어난 인물

帝는 爲人이 豪俊하시고 善用兵이러시니

熾-성할 치
慨-분개할 개

嘗見北夫餘衰하야 漢寇熾盛하시고 慨然有濟世之志러시니

至是하야 卽位於卒本하시고 自號東明하시니

或云高列加之後也라.

檄-격서 격

乙亥三年이라 帝自將傳檄하사 所至無敵하니

不旬月에 衆至五千이라.

潰-무너질 궤

每與戰에 漢寇가 望風而潰하니

黎-검을 려

遂引兵渡九黎河하사 追至遼東西安平하시니

槀-볏집 고

乃古槀離國之地라.

甲午二十二年이라 是爲檀君高于婁三十四年이라.

襄-옷 치렁치렁할 배
擒-사로잡을 금
拒-막을 거

帝遣將하사 破襄川之漢寇하고 與遺民으로 幷力하야

所向에 連破漢寇하고 擒其守將하야 拒以有備하다.

5세 단군 고두막(일명 두막루)
재위 22년(단군 재위 27년)

동명왕 고두막한의 북부여 재건과 시대 배경

고두막단군의 재위 원년은 계유(癸酉: BCE 108)년이라. 이 때는 고우루단군 13년이다. 임금께서는 사람됨이 호방하고 영준하며 용병用兵을 잘 하셨다. 일찍이 북부여가 쇠하면서 한나라 도적이 불길이 치솟듯 성하게 일어나는 것을 보고 이에 분개하여 개연히 세상을 구제하겠다는 큰 뜻을 세우셨다.

이에 졸본卒本*에서 즉위하고 스스로 호를 동명東明[16]이라 하셨다. 어떤 이들은 이 분이 고열가(고조선 마지막 47세 단군)의 후예라고 말한다.

재위 3년 을해(乙亥: BCE 106)년, 임금께서 스스로 장수가 되어 격문을 돌리니 이르는 곳마다 대적할 자가 없었다. 그리하여 한 달이 채 안 되어[不旬月]* 군사가 5천 명에 이르렀다. 싸울 때마다, 한나라 도적이 멀리서 바라보거나 소문만 들어도[望風]* 스스로 무너졌다. 임금께서 마침내 군대를 이끌고 구려하九黎河※를 건너 계속 추격하여 요동遼東 서안평西安平[17]에 이르셨다. 그곳은 바로 옛 고리국槀離國의 땅이었다.

재위 22년 갑오(甲午: BCE 87)년, 이 해는 4세 고우루단군 34년이다. 임금께서 장수를 보내 배천裵川의 한나라 도적을 격파하고, 유민과 합세하여 가는 곳마다 한나라 도적을 연달아 쳐부수어 그들의 수비 장수를 사로잡고, 방비를 갖추어 적을 막기에 힘썼다.

※ 졸본 : 고구려의 시조 고주몽이 도읍한 곳으로 광개토대왕 비문에 나타난 홀본忽本과 같은 말이다. 발해 때는 솔빈부(卒本卽渤海大氏率賓府, 『동사강목』)라 하였는데, 학계에서는 지금의 혼강渾江 유역의 환인桓仁 지방으로 비정하고 있다.

＊ 불순월不旬月 : 순월旬月은 만 1개월을 말한다. '불순월不旬月'은 한 달이 채 안 되었음을 의미한다.

※ 망풍望風 : 먼데서 바라봄. 기세를 바라봄.

▨ 구려하九黎河 : 현 요하의 옛 이름이다. 만주 남부 평원을 관통하는 전장 약 1,400㎞의 하천. 지금의 요하가 북부여와 고구려 당시에 구려하(九麗河=句麗河), 고구려하高句麗河로 불린 증거는 『중국고금지명대사전』의 「요하」 조에 "옛 이름은 대요수이며, 또한 구려하·구류하·거류하라고 불렀다(古名大遼水, 亦名句麗河·枸柳河·巨流河)."는 구절을 통해 알 수 있다.

고두막한의 북부여 법통 계승

乙未二十三年이라

北夫餘가 擧城邑降하고 屢哀欲保어늘

帝聽之하시고 降封解夫婁爲侯하시고 遷之岔陵하시다

帝前導鼓吹하사 率衆數萬而入都城하시고 仍稱北夫餘하시니라.

秋八月에 與漢寇로 屢戰于西鴨綠河之上하사 大捷하시다.

屢 자주 루

遷-옮길 천
岔-갈림길 차
導-이끌 도
鼓-북 고
吹-불 취
稱-일컬을 칭
鴨-오리 압
綠-초록빛 록
捷-이길 첩

고추모의 탄강과 동명왕의 죽음

壬寅三十年이라

五月五日에 高朱蒙이 誕降于岔陵하다.

辛酉四十九年이라 帝崩하시니

以遺命으로 葬于卒本川하고 太子高無胥가 立하다.

蒙-입을 몽
誕-태어날 탄

胥-서로 서

六世檀君高無胥 在位二年

덕을 갖추고 민심을 얻어 소해모수라 불림

壬戌元年이라 帝卽位于卒本川하시고

與父老로 會于白岳山하사 立約祭天하시고

岳-바위 악

고두막한의 북부여 법통 계승

재위 23년 을미(乙未: BCE 86)년, 북부여가 성읍을 바쳐서 항복하고 왕실만은 보존시켜 주기를 여러 번 애원하는지라, 고두막단군께서 들어 주시어, 해부루解夫婁의 봉작을 낮추어 제후로 삼아 차릉岔陵*으로 이주해 살도록 하셨다. 임금께서 북 치고 나팔 부는 이들을 앞세우고 무리 수만 명을 이끌고 도성에 입성하셨다. 나라 이름은 여전히 **북부여**北夫餘라 칭하셨다.

가을 8월에, 한나라 도적과 더불어 여러 번 서압록하西鴨綠河 강가에서 싸워 크게 승리를 거두셨다.

고추모의 탄강과 동명왕의 죽음

재위 30년 임인(壬寅: BCE 79)년, 5월 5일에 고주몽高朱蒙*이 차릉岔陵에서 태어났다.

재위 49년 신유(辛酉: BCE 60)년, 고두막단군께서 붕어하셨다. 유명遺命에 따라 졸본천卒本川에 장사를 지냈다. 태자 고무서高無胥가 즉위하였다.

6세 단군 고무서 재위 2년

덕을 갖추고 민심을 얻어 소해모수라 불림

고무서단군의 재위 원년은 임술(壬戌: BCE 59)년이라. 임금께서 졸본천에서 즉위하셨다. 부로父老들과 더불어 백악산에 모여 규약을 정하고 천제를 지내셨다.

✽ 차릉岔陵 : 차릉은 곧 가섭원으로 지금의 만주 흑룡강성 통하현通河縣이다.

✽ 고주몽 : 세속에서 일반적으로 부르던 호칭. 보위에 오르기 전의 호칭으로 봐야 한다.

頒-펼 반
頒行 : 널리 펴 행함
悅-기쁠 열
喚-부를 환
賑-구휼할 진

騷-시끄러울 소
遍-두루 편
寧-편안할 령
獐-노루 장

반 행 사 례　　　내 외 대 열
頒行事例하시니 內外大悅하다.

제　생 이 유 신 덕　　　능 이 주 술　　호 풍 환 우
帝는 生而有神德하사 能以呪術로 呼風喚雨하시고

선 진　　대 득 민 심　　유 소 해 모 수 지 칭
善賑하사 大得民心하시 有小解慕漱之稱하시다

시　한 구 소 란　　　편 우 요 좌　　누 전 득 첩
時에 漢寇騷亂하야 遍于遼左*러니 屢戰得捷하시다.

계 해 이 년　　　제 순 도 영 고 탑　　득 백 장
癸亥二年이라 帝巡到寧古塔하사 得白獐하시다.

동 시 월　　제 붕
冬十月에 帝崩하시니

고 주 몽　　이 유 명　　　입 승 대 통
高朱蒙이 以遺命으로 入承大統하다.

개원노성 중심가의 종탑 개원노성은 장당경 아사달로 추정되는 곳으로 둘레 4km가 넘는 옛 성 안에는 재래식 가옥들로 마을이 형성되어 있다. 유적관리가 허술하여 남아 있는 성벽도 농경으로 인해 점점 사라지고 있다.

여러 가지 사례를 반포하여 널리 행하게 하시니 안팎에서 모두 크게 기뻐하였다.

임금께서는 태어나면서부터 신령스러운 덕을 갖추시어 능히 주술呪術로써 바람을 부르고 비를 내리게 하시며[呼風喚雨], 자주 곡식을 풀어 백성을 구휼하시니 민심을 크게 얻어 '소해모수小解慕漱'라는 칭호가 붙게 되었다. 이 때에 한나라 도적이 요하遼河 동쪽에서 분란을 일으키므로 여러 번 싸워서 승리를 거두셨다.

재위 2년 계해(癸亥: BCE 58)년, 임금께서 순행하시다가 영고탑에 이르러 흰 노루를 얻으셨다.

겨울 10월에 고무서단군께서 붕어하셨다. 고주몽高朱蒙이 유명遺命을 받들어 대통을 이었다.

❋ 요좌遼左 : 지리에서 동쪽을 '좌'라고 하여 산동을 '산좌山左', 강동을 '강좌江左'라고 불렀다. 따라서 '요좌'는 '요동' 혹은 '요하 동쪽'을 말한다. 여기서는 난하의 동쪽을 말한다.

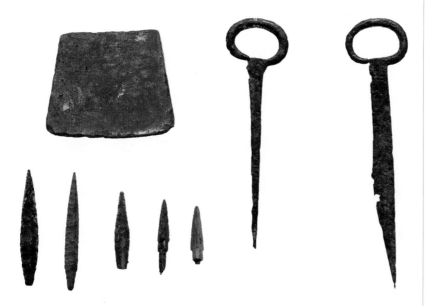

부여의 철제 무기류 위로부터 시계방향으로 쇠도끼, 환두철도環頭鐵刀, 화살촉

고주몽이 북부여를 계승하기 전 피난한 과정

先是에 帝無子러시니 見高朱蒙이 爲非常人하시고
先 시 제 무 자 견 고 주 몽 위 비 상 인

以女妻之라가 至是卽位하니 時年二十三이라
이 여 처 지 지 시 즉 위 시 년 이 십 삼

時에 下夫餘人이 將欲殺之어늘 奉母命하야
시 하 부 여 인 장 욕 살 지 봉 모 명

與烏伊摩離陝父等三人으로 爲德友하고
여 오 이 마 리 협 보 등 삼 인 위 덕 우

行至岔陵水하야 欲渡無梁이라 恐爲追兵所迫하야
행 지 차 릉 수 욕 도 무 량 공 위 추 병 소 박

告水曰「我是天帝子오 河伯外孫이니
고 수 왈 아 시 천 제 자 하 백 외 손

今日逃走에 追者垂及하니 奈何오.」
금 일 도 주 추 자 수 급 내 하

於是에 魚鼈이 浮出成橋하야 始得渡하니 魚鼈乃解하다.
어 시 어 별 부 출 성 교 시 득 도 어 별 내 해

妻-아내 처

伊-저 이
摩-연마할 마
離-떼어놓을 리
陝-좁을 협
陵-언덕 릉
梁-다리 량
恐-두려울 공
迫-닥칠 박
垂-거의 수
鼈-자라 별

고주몽의 고구려 건국 과정과 도읍의 변천

┄› 고주몽의 건국과정

❶ 고주몽은 가섭원에서 태어나 난을 피해서 졸본에 와 고구려를 세웠다.

❷ 장춘 주가성자(朱家城子: 눌현) 천도(『태백일사』「고구려국 본기」): 고주몽 성제 33년(BCE 26)

❸ 국내성 천도: 2세 유리명열제 21년(CE 2)

❹ 평양 천도: 11세 동천열제 21년

고주몽이 북부여를 계승하기 전 피난한 과정

이에 앞서 고무서단군에게는 대를 이을 아들이 없었는데, 고주몽이 보통사람이 아님을 알아보시고 공주를 주어 아내로 삼게 하셨다. 이에 이르러 즉위하니 당시 나이 23세*였다.

당시 동부여 사람들이 고주몽을 죽이려 하므로, 고주몽이 어머니의 명을 받들어 오이烏伊, 마리摩離, 협보陜父* 세 사람과 친구의 의를 맺고 함께 길을 떠났다. 차릉수岔陵水*에 이르러 강물을 건너려 하였으나 다리가 없었다. 뒤쫓아 오는 군사들에게 붙잡힐까 두려워하여 물에 고하기를, "나는 천제의 아들이요, 하백河伯의 외손으로 오늘 도망가는 길인데 쫓는 자가 다가오고 있으니 어찌하리까?" 하였더니, 물속에서 물고기와 자라[魚鼈]가 수없이 떠올라 다리가 되었다. 주몽이 물을 건너자 물고기와 자라들이 곧 흩어졌다.

※ 23세 : 앞에서 임인(壬寅: BCE 79)년에 태어났다고 했으므로 22세라야 맞는다.

※ 협보 : 주몽을 도운 고구려의 창업 공신이며, 후에 일본 큐슈九州에 건너가 다파라국多婆羅國을 세웠다. (『태백일사』「고구려본기」)

※ 차릉수 : 광개토대왕 비문에는 엄리대수奄利大水로 나와 있다. 중국 문헌에는 엄사수奄淲水・엄체수奄滯水・시엄수施掩水라 하였는데, 지금의 송화강을 말한다.

요령성과 길림성 경계에 있는 서풍시 서차구묘지에서 출토된 부여시대의 청동 장신구 이러한 동물문양 장식품은 북방 초원 민족에서 골고루 나타난다.

가섭원 부여기
迦葉原夫餘紀

始祖解夫婁 在位三十九年

동부여 수도 가섭원은 차릉

乙未元年이라

王이 爲北夫餘所制하사 徙居迦葉原하시니 亦稱岔陵이라

宜五穀하고 尤多麥하며 又多虎豹熊狼하야 便於獵하다.

丁酉三年이라

命國相阿蘭弗하사 設賑하시고

招撫遠近流民하사 使及時飽暖하시고 又給田耕作하시니

不數年에 國富民殷이라

時에 有時雨滋岔陵하니 民歌王正春之謠하다.

고주몽의 혈통과 주몽의 어원

壬寅八年이라

先是에 河伯女柳花가 出遊라가

爲夫餘皇孫高慕漱之所誘하야

强至鴨綠邊室中而私之러니 仍升天不歸하고

父母는 責其無媒而從之하야 遂謫居邊室하다

徙-옮길 사

宜-마땅할 의
麥-보리 맥
豹-표범 표
狼-이리 랑
獵-사냥할 렵
賑-구휼할 진
招-부를 초
撫-어루만질 무
飽-배부를 포
殷-성할 은
時雨 : 철에 맞추어 오
는 비
滋-적실 자
謠-노래 요

遊-놀 유

誘-꾈 유
邊-물가 변
升-오를 승
責-꾸짖을 책
媒-중매 매
謫-귀양갈 적

시조 해부루 재위 39년

동부여 수도 가섭원은 차릉

시조 해부루 왕의 재위 원년은 을미(乙未: BCE 86)년이라. 왕께서 북부여의 제재를 받아 가섭원迦葉原[18]으로 옮겨 살게 되었다. 가섭원은 차릉岔陵이라고도 부른다.

이곳은 토지가 기름져서 오곡이 자라기에 적합하였는데, 특히 보리가 많이 났다. 또 호랑이, 표범, 곰, 이리가 많아 사냥하기에 좋았다.

재위 3년 정유(丁酉: BCE 84)년, 국상 아란불阿蘭弗에게 명하여 구휼을 베풀어 원근의 유민을 불러 위로하시고, 굶주리거나 추위에 떨지 않도록 하셨다. 또 밭을 나누어 주어 농사를 짓게 하시니, 몇 해 안 되어 나라가 부유해지고 백성들이 번성하였다. 때를 맞추어 비가 내려 차릉을 축축이 적시므로 백성들이 「왕정춘王正春」이라는 노래를 불러 임금을 찬양하였다.

고주몽의 혈통과 주몽의 어원

재위 8년 임인(壬寅: BCE 79)년, 이보다 앞서 하백河伯의 딸 유화柳花가 밖에 나가 놀다가 부여의 황손 고모수高慕漱의 꾐에 빠졌다. 고모수는 유화를 강제로 압록강 변에 있는 궁실로 데려가 은밀히 정을 통하고 하늘로 올라가서 돌아오지 않았다[升天不歸].* 유화의 부모는 중매仲媒도 없이 고모수를 따라간 것을 꾸짖고 먼 곳으로 쫓아 보냈다.

* 승천불귀升天不歸 : 고모수가 갑작스런 변고를 당해 죽은 것으로 여겨진다.

高慕漱의 本名은 弗離支니 或曰高辰之孫이라.
고모수   본명   불리지   혹왈고진지손

王이 異柳花하사 同乘하시고 還宮而幽之러시니
왕 이유화   동승   환궁이유지

是歲五月五日에 柳花夫人이 生一卵에
시세오월오일   유화부인   생일란

有一男子가 破殼而出하니 是謂高朱蒙이라
유일남자   파각이출   시위고주몽

骨表英偉하고 年甫七歲에 自作弓矢하야 百發百中이라
골표영위   년보칠세   자작궁시   백발백중

夫餘語에 善射를 爲朱蒙이라 故로 以名云하다.
부여어   선사   위주몽   고   이명운

乘-딜 승
還-돌아올 환
幽-가둘 유

殼-껍질 각
偉-클 위
甫-겨우 보

흑룡강성 통하(가섭원) 송화강과 차릉하가 만나는 지점에 있는 소도시로 겨울
이라 얼어붙은 강에 배들이 운항을 못하고 묶여있다.

고모수의 본명은 불리지弗離支인데 혹자는 고진高辰(북부여 2세 모수리단군의 아우)의 손자라고 한다.

해부루왕께서 유화를 이상하게 여겨 수레에 태워 환궁하여 궁 안에서 나가지 못하게 하셨다.

이 해 5월 5일, 유화 부인이 알 하나를 낳았는데 한 사내아이가 껍질을 깨고 나왔다. 이 아이가 바로 고주몽高朱蒙이니 골격이 뚜렷하고 늠름하며 위엄이 있었다. 나이 겨우 7세에 스스로 활과 화살을 만들어 백 번을 쏘면 백 번을 다 맞추었다.

부여 말에 '활 잘 쏘는 사람을 주몽이라[善射爲朱蒙]' 하므로 이름을 그렇게 불렀다.

경박폭포 경박호는 목단강시 영안현에 있으며 화산폭발로 생긴 거대한 자연 호수다. 경박폭포는 경박호 아래쪽에 있으며 여름철 우기에는 사방에서 물이 쏟아져 장관을 이룬다. 이곳을 동부여의 해부루 왕이 금와를 얻은 곤연으로 추정하기도 한다.

왕자 금와의 탄생

甲辰十年이라 王老無子시라
<small>갑 진 십 년　　　왕 노 무 자</small>

一日에 祭山川求嗣라가
<small>일 일　　제 산 천 구 사</small>

所乘馬가 至鯤淵하야 見大石하고 相對俠淚어늘
<small>소 승 마　　지 곤 연　　　견 대 석　　　상 대 협 루</small>

王이 怪之하사 使人으로 轉其石하니
<small>왕　괴 지　　사 인　　전 기 석</small>

有小兒가 金色蛙形이라
<small>유 소 아　　금 색 와 형</small>

王이 喜曰「此乃天이 賚我令胤乎인저.」
<small>왕　희 왈　　차 내 천　　뇌 아 영 윤 호</small>

乃收而養之하사 名曰金蛙라 하시고 及其長하야
<small>내 수 이 양 지　　　명 왈 금 와　　　급 기 장</small>

立爲太子하시다.
<small>입 위 태 자</small>

고주몽의 고구려 건국

壬戌二十八年이라
<small>임 술 이 십 팔 년</small>

國人이 以高朱蒙으로 爲不利於國하야 欲殺之한대
<small>국 인　　이 고 주 몽　　　위 불 리 어 국　　　욕 살 지</small>

高朱蒙이 奉母柳花夫人命하야
<small>고 주 몽　　봉 모 유 화 부 인 명</small>

東南走하야 渡淹利大水하고 到卒本川이라
<small>동 남 주　　　도 엄 리 대 수　　　도 졸 본 천</small>

明年에 開新國하니 是爲高句麗始祖也시라.
<small>명 년　　개 신 국　　　시 위 고 구 려 시 조 야</small>

癸酉三十九年이라 王이 薨하시니 太子金蛙가 立하다.
<small>계 유 삼 십 구 년　　　왕 홍　　　태 자 금 와　　입</small>

嗣–이을 사

鯤–곤어 곤
淵–못 연
俠–곁 협
淚–눈물 루
怪–괴이할 괴
轉–굴릴 전
蛙–개구리 와
賚–줄 뢰
胤–맏아들 윤

渡–건널 도
淹–담글 엄

왕자 금와의 탄생

재위 10년 갑진(甲辰: BCE 77)년이었다. 해부루왕께서는 늙어 대를 이을 아들이 없어서, 하루는 산천에 후사를 기원하는 제사를 지냈다. 곤연鯤淵*이라는 곳에 이르렀는데, 왕이 탄 말이 큰 돌을 보더니 그 앞에 마주서서 눈물을 흘렸다.

왕께서 괴이하게 여겨 사람을 시켜 그 돌을 굴려 보게 하였더니, 거기에 한 아이가 있었는데 금색의 개구리 모양이었다. 왕께서 기뻐하며 "이는 하늘이 과인에게 대를 이을 아들을 내려 주신 것이로다" 하고, 아이를 거두어다가 길렀다. 이름을 금와金蛙라 하였는데 장성하자 태자로 삼았다.

고주몽의 고구려 건국

재위 28년 임술(壬戌: BCE 59)년, 사람들이 고주몽을 나라에 이롭지 못하다고 여겨 죽이려 하였다.

이에 고주몽은 어머니 유화 부인의 명을 받들어 동남쪽으로 달아나 엄리대수淹利大水*를 건너 졸본천卒本川에 도착했다. 이듬해 새 나라를 열었는데, 이분이 곧 고구려의 시조이시다.

재위 39년 계유(癸酉: BCE 48)년, 해부루왕이 훙서하셨다. 태자 금와金蛙가 즉위했다.

* 곤연鯤淵 : 경박호鏡泊湖로 추정. 고사故史에는 홀한해忽汗海라 하였다. 지금의 흑룡강성 영안현寧安縣 서남쪽에 있다. 이유립은 박노철의 설을 인용하여 흑룡강성 가목사佳木斯시와 학강鶴岡시 사이의 학립鶴立에 있다고 하였다.

* 엄리대수 : 광개토대왕 비문에서는 '부여夫餘 엄리대수'라고 분명히 기록했다. 그러므로 부여의 강역인 송화강 유역에서 찾아야 한다. 여기서 부여는 북부여가 아니라 흑룡강성 통하현 지역에 위치한 동부여이므로, 엄리대수는 곧 만주 흑룡강성을 횡단하여 흐르는 송화강으로 비정된다.

二世 金蛙 在位 四十一年

고구려의 대외관계와 유화 부인의 죽음

遣-보낼 견
獻-바칠 헌

衛-지킬 위
返葬 : 객지에서 죽은
이의 시신을 제가 살던
곳이나 고향으로 옮겨
장사지냄
遷-옮길 천
山陵 : 산처럼 큰 무덤.
왕·왕후의 묘를 말함
廟祠 : 신주神主를 모셔
놓은 집
側-곁 측
帶-띠 대
素-밝을 소

甲戌元年이라 王遣使高句麗하사 獻方物하시다.

丁酉二十四年이라 柳花夫人이 薨하니

高句麗가 以衛兵數萬으로 返葬于卒本하고

命以皇太后禮로 遷就山陵하고 建廟祠于其側하다.

甲寅四十一年이라

王이 薨하시니 太子帶素가 立하다.

2세 금와 재위 41년

고구려의 대외 관계와 유화 부인의 죽음

금와왕의 재위 원년은 갑술(甲戌: BCE 47)년이라. 왕께서 고구려에 사신을 보내 방물을 바쳤다.

재위 24년 정유(丁酉: BCE 24)년, 유화 부인이 세상을 떠났다. 고구려에서는 위병衛兵 수만 명으로 호위하게 하여 영구靈柩를 졸본으로 모셔와 장사를 지냈다. 주몽 임금께서 모후母后의 영구를 황태후의 예로써 모셔와 능陵을 조성하고 그 곁에 묘사廟祠를 지으라 명하였다.

재위 41년 갑인(甲寅: BCE 7)년, 금와왕이 홍서하셨다. 태자 대소帶素가 즉위했다.

용담산에서 바라 본 길림시 전경
길림시를 관통하는 송화강 주변에 있는 동단산과 서단산 등지에서 부여시대의 유물이 발굴되었다. 사진 좌측으로 강이 휘어지는 곳에 보이는 작은 산이 동단산이다. 동단산에서는 토성과 큰 규모의 건물 흔적이 발굴되어 학자들은 이곳을 부여의 초기 발원지로 추정하고 있다.

三世 帶素 在位 二十八年

乙卯元年이라

春正月에 王이 遣使高句麗하사 請交質子하신대

高句麗烈帝가 以太子都切로 爲質이러니

都切이 不行하니 王이 恚之하사

冬十月에 以兵五萬으로 往侵卒本城이라가

大雪로 多凍死하야 乃退하다.

癸酉十九年이라 王이 侵攻高句麗하사

至鶴盤嶺下라가 遇伏兵하야 大敗하다.

대소왕의 죽음

壬午二十八年이라 二月에 高句麗가 擧國來侵하니

王이 自率衆出戰이라가 遇泥淖하사 王御馬가 陷不得出이라

高句麗上將怪由가 直前殺之한대

我軍이 猶不屈하야 圍數重이러니 適大霧七日하야

高句麗烈帝가 潛師夜脫하야 從間道而遁去하다.

質-볼모 질
切-끊을 절

恚-성낼 에

盤-소반 반
遇-만날 우

泥-진흙 니
淖-진흙 뇨
泥淖 : 진창. 진흙탕 길
陷-빠질 함
圍-둘러쌀 위
適-만날 적
霧-안개 무
潛-몰래 잠
脫-벗을 탈
遁-도망갈 둔

3세 대소 재위 28년

대소왕의 재위 원년은 을묘(乙卯: BCE 6, 고구려 유리명열제 14년)년이라. 봄 정월에 왕께서 고구려에 사신을 보내어 왕자를 볼모로 교환하자고 청하였다. 고구려 열제烈帝*(2세 유리명열제)가 태자 도절都切을 볼모로 삼고자 하였으나 도절이 가지 않으므로 대소왕이 노하였다.

겨울 10월에, 대소왕이 군사 5만 명을 거느리고 졸본성을 쳐들어갔으나 큰 눈이 와서 얼어 죽는 군사가 많으므로 물러났다.

재위 19년 계유(癸酉: CE 13)년, 왕이 고구려를 침공하였는데 학반령鶴盤嶺 밑에 이르러 복병을 만나 크게 패하였다.

대소왕의 죽음

재위 28년 임오(壬午: CE 22, 고구려 대무신열제 5년)년, 2월에 고구려가 국력을 다하여 쳐들어왔다. 왕이 몸소 군사를 이끌고 나가 싸우다가 왕이 탄 말이 진구렁에 빠져서 나올 수가 없었다. 이때 고구려 상장 괴유怪由*가 곧장 나아가 대소왕을 죽였다.

부여군은 오히려 굴복하지 않고 고구려군을 여러 겹으로 에워쌌다. 마침 짙은 안개가 7일 동안 계속되자 고구려 열제는 밤을 틈타 군사를 비밀리에 움직여 포위망을 벗어나서 샛길로 달아났다.

* 열제烈帝 : '위대한 황제' 라는 뜻, 고구려의 어느 특정 황제를 지칭하는 것이 아니라 고구려 역대 제왕을 뜻하는 일반 호칭이다.

* 괴유 : 고구려 3세 대무신열제 때 상장군으로 『삼국사기』를 보면 키가 9척이나 되며 칼을 잘 쓴다고 하였다.

대소왕 아우의 갈사국 건설

弁-도망길 분

하사월 왕제 여종자수백인 분지압록곡
夏四月에 王弟가 與從者數百人으로 奔至鴨綠谷하야

獵-사냥 립
曷-어찌 갈
濱-물가 빈
隆-융성할 륭

견 해두왕출렵 수살지 이취기민
見海頭王出獵하고 遂殺之 而取其民하야

주보갈사수빈 입국칭왕 시위갈사
走保曷思水濱하야 立國稱王하니 是爲曷思라

지태조무열제융무십육년팔월
至太祖武烈帝隆武十六年八月하야

도두왕 견고구려일강 수거국자항
都頭王이 見高句麗日强하고 遂擧國自降하니

범삼세력사십칠년이국절
凡三世歷四十七年而國絶이라.

賜-줄 사
第-집 제
琿-옥 혼

명도두위우태 사제택
命都頭爲于台하야 賜第宅하고

이혼춘 위식읍 잉봉위동부여후
以琿春으로 爲食邑하야 仍封爲東夫餘侯하다.

대소왕 종제가 고구려에 투항하여 연나부 왕에 임명됨

추칠월 왕종제 위국인왈
秋七月에 王從弟가 謂國人曰

弑-죽일 시

선왕 신시국망 인민 무소의
「先王이 身弑國亡하야 人民이 無所依하고

偏-치우칠 편
魯-아둔할 로
寧-차라리 녕
圖-꾀할 도
投-던질 투
椽-서까래 연

갈사 편안 불능자국
曷思는 偏安하야 不能自國이오

오역재지노하 무망흥복 영항이도존
吾亦才智魯下하야 無望興復하니 寧降以圖存이라」하고

이고도인민만여구 투고구려
以故都人民萬餘口로 投高句麗하니

고구려 봉위왕 안치연나부
高句麗가 封爲王하야 安置椽那部하고

絡-두를 낙

이기배 유낙문 사성낙씨
以其背에 有絡文하야 賜姓絡氏하다.

대소왕 아우의 갈사국 건설

여름 4월, 왕의 아우가 추종자 수백 명과 더불어 길을 떠나 압록곡鴨綠谷에 이르렀다. 마침 해두국海頭國 왕이 사냥 나온 것을 보고, 그를 죽이고는 그 백성을 취하여 갈사수曷思水* 가로 달아나 나라를 세우고 스스로 왕이라 일컬으니, 이 나라가 바로 갈사국(갈사부여)이다.

태조무열제武烈帝(고구려 6세) 융무隆武 16(CE 68)년 8월에 이르러 도두왕都頭王(갈사국 3세)이 고구려가 날로 강성해지는 것을 보고 마침내 나라를 바치고 항복하니, 시조로부터 3세요, 역년 47년 만에 나라가 없어지고 말았다.

이 때 고구려 열제는 도두를 우태于台*로 삼아 살 집을 주고, 혼춘琿春*을 식읍食邑으로 주어 동부여후東夫餘侯로 봉하였다.

대소왕 종제가 고구려에 투항하여 연나부 왕에 임명됨

이 해 가을 7월, 대소왕의 종제從弟가 백성에게 일러 말하기를 "우리 선왕先王께서 시해를 당하시고 나라는 망하여 백성이 의지할 곳이 없고, 갈사국은 한쪽에 치우쳐 있어 안락하기는 하나 스스로 나라를 이루기 어렵도다. 나 또한 재주와 지혜가 부족하여 나라를 다시 일으킬 가망이 없으니 차라리 항복하여 살기를 도모하자"라고 하였다.

드디어 옛 도읍의 백성 1만여 명과 함께 고구려에 투항하니, 고구려에서는 그를 왕으로 봉하여 연나부椽那部*에 살게 하였다. 또 그의 등에 띠 같은 무늬[絡文]가 있어 낙씨絡氏 성을 내려 주었다.

* 갈사수 : 동만주 지방의 강으로 생각되나 어느 강인지 확실치 않다. 이유립 옹은 이를 우수리강烏蘇里江으로 비정한 바 있다.

* 우태于台 : 고구려의 관직명. 『삼국사기』권 40 직관지 하에 인용된 『책부원귀』에는 "고구려는 후한 때 나라에서 관직을 설치하였는데, 상가, 대로, 패자, 고추대가, 주부, 우태(一作 于台), 사자, 조의, 선인이다."라고 했다. 학계에서는 우태(優台=于台)가 원래는 부족의 우두머리, 족장을 의미하는 말로 환나부, 비류나부와 같은 고구려의 5부를 각각 통할하는 직책이었다고 추정한다.

* 혼춘 : 만주 길림성 연길시延吉市 동쪽에 있다. 만주 말로 '변두리 땅' 이란 뜻이다.

* 연나부椽那部 : 이 연나부 지명을 따서 연나부 부여라고도 한다.(89쪽 지도 참조)

稍-점점 초

後에 稍自立하야
<small>후 초 자 립</small>

自開原西北으로 徒到白狼谷하고 又近燕之地러니
<small>자 개 원 서 북　사 도 백 랑 곡　　우 근 연 지 지</small>

昝-물을 자

至文咨烈帝明治甲戌하야
<small>지 문 자 열 제 명 치 갑 술</small>

以其國으로 折入于高句麗하니
<small>이 기 국　　절 입 우 고 구 려</small>

不祀-제사가 끊기다. 망
하다

椽那部絡氏가 遂不祀하다.
<small>연 나 부 낙 씨　수 불 사</small>

모아산 고분군 유적
길림시 송화강 남쪽에 있는 산으로 부여시대의 고분이 발견된 곳이다. 맞은편
에 있는 동단산 성산자 성터와 더불어 부여의 주요 유적지이다. 이곳에서는
수십 기의 고분이 발굴되었으나 당시 중국 정부는 비공개로 진행하여 외부에
발굴과정이 공개되는 것을 막았고, 발굴 후에는 모두 덮어 흔적을 지웠다.

그 후에 차츰 자립하여 개원開原 서북에서 백랑산白狼山※ 계곡으로 옮겨갔는데 연燕나라 땅과 가까운 곳이었다. 고구려 21세 문자열제文咨烈帝 명치明治 갑술(甲戌: CE 494)년에 이르러 나라가 고구려에 편입되었다. 연나부의 낙씨는 마침내 망했다.

※ 백랑산 : 지금은 백록산白鹿山 또는 대양산大陽山이라 부르며 몽골어로는 포호도布虎圖라고 부른다. 지금의 요령성 객좌현 성喀左縣城에서 남서쪽으로 26km 떨어진 대릉하의 서쪽 강변에 있다. 주봉의 서쪽 분수령에 하얀 거석이 있어 멀리서 보면 주봉을 향하여 동물이 걸어가는 것처럼 보이므로 한나라 시대에는 백랑산白狼山이라 불렀다.

가섭원 부여(동부여)의 이동과 결말

→ 대소왕 아우의 갈사국 건설. 도두왕이 항복하여 동부여후에 봉해짐

➡ 대소왕 종제의 고구려 투항과 연나부부여의 독립

⋯ 망명 부여(연나부부여) 왕 의라依羅의 왜倭 정복(CE 286년경)과 일본 최초의 통일왕조인 〈야마토(大和) 왜倭〉 건설

주註

1) 천왕랑天王郎

천왕랑은 국자랑國子郎이라고도 한다. 신교의 뿌리정신을 바탕으로 한 것으로 환국 시대로부터 배달국을 연 핵심 집단인 '제세핵랑濟世核郎'의 맥을 이은 것이다.

'제세핵랑濟世核郎'→고조선의 '국자랑國子郎'→북부여의 '천왕랑天王郎'→고구려의 '조의선인皂衣仙人'→백제의 '무절武節'과 신라의 '화랑花郎'→고려의 '재가화상在家和尙' 또는 '국선國仙', '선랑仙郎' 그리고 '삼별초'로 이어져 내려왔다. 그 뒤로 사대주의의 소한사관에 혼을 빼앗겨 명맥이 쇠잔하였으나 신교의 낭가, 상무 정신만은 한민족의 기층 문화 속에 깊이 뿌리 내려 '조선 시대의 선비정신', '구한말의 항일독립운동'과 '3·1운동' 등으로 민족의 위기 때마다 유감없이 표출되어 왔다.

2) 음력 4월 8일

음력 4월 8일은 석가탄신일로 일명 초파일이라 하지만, 본시 이 날은 우리 민족이 천제의 아들이며 북부여의 시조인 해모수단군을 기리기 위해 등을 달아 경축[觀燈慶祝]하는 날이다.

불경에는 석가의 탄신일이 2월 8일과 4월 8일, 양대설로 나뉘어져 있다. 탄생 년[佛紀] 또한 지금의 2,500년 전보다 500여 년 빠른 3,000년 이며, 세계 공통 불탄일을 1956년 네팔 수도 카투만두에서 열린 제4차 불교대회에서 양력 5월 15일로 확정한 바 있다(『불교사전』참조). 이와 같이 석가탄일이 4월 8일이라는 것은 그 출처가 불확실하다. 그런데 우리 민족이 관등경축觀燈慶祝하는 4월 8일은 오히려 불교의 도래 이전부터 천제天帝의 아들[天王郎]이었던 북부여의 시조 단군 해모수解慕漱의 하강일下降日로 우리 민족 전래의 대축제일이었다(송호수, 『한민족의 뿌리사상』).

통설로 주장되어 온 석가의 탄생은 갑인甲寅년이다. 그래서 서기 1974甲

寅년이 불기 3,001년에 해당한다. 올해 기축(2009)년은 3,036년이다. 지금 불교계에서 이것을 2,540년으로 줄인 것은 2,500년 전의 공자보다 5백년 전 인물인 석가모니의 생존 연대를 뒤틀리게 만든 중대한 '역사 왜곡 행위'인 것이다.

※ 연등회: 고려 초부터 있었던 불교의 연등회는 본래 음력 정월 보름에 하다가 후에 음력 2월 보름으로 바뀌었고, 나중에는 4월 초파일로 바뀌었음(『새국어사전』, 동아출판).

3) 오가五加제도

오가제도는 한민족 국교인 신교의 삼신사상과 오행五行 철학을 기초로 하여 성립된 것이다. 즉 신교의 삼신오제三神五帝 사상을 현실의 인사人事 제도에 그대로 적용하여 '삼한오가三韓五加'라는 국가 통치제도로 발전시킨 것이다.

이것은 환국 시대로부터→배달국 시대의 '삼한三韓(풍백 · 우사 · 운사) · 오가五加(마가 · 우가 · 구가 · 저가 · 계가)제도' → 단군조선의 삼한관경(진한 · 번한 · 마한), 삼경三京제와 오가제도 → 북부여의 '오부五部'제도 → 고구려의 '삼경오부三京五部'와 백제의 '오부제'로 계승 · 발전되었다. 다시 대진국(발해)의 '오경五京제'와 신라의 '오소경五小京제'로 이어졌고, 요遼 · 금金나라가 대진국의 오경제를 그대로 답습하였다.

이와 같이 우리 민족은 신교의 삼신오제三神五帝 사상, 즉 천도天道를 지상 인간의 현실 인사人事에 그대로 구현하면서 생활해 온 지구상의 유일한 천손天孫 민족인 것이다.

4) 태교

태교에 대한 기록은 동양의 『여범女範』이나 『내칙內則』 등에 부분적이며 단편적으로 전해져 왔다. 종합적이고 체계적인 서술은 조선 시대 실학 사상가로 유명한 유희柳僖의 어머니 사주당師朱堂 이씨가 지은 『태교신기胎敎新

記』가 처음이다. 태교의 주된 목적은 "첫째, 자녀 교육은 그 후천성을 기르는 데 있으며, 둘째, 부모된 자로 태교를 소홀히 함은 스스로 의무를 포기하는 것이다"라고 하여 태교의 중요성을 강조하고 있다(이원호, 『태교胎教』, 177~179쪽).

5) 준왕

준왕은 단군이 아닌 부단군으로 '번조선의 75세 마지막 왕'이다. 지금의 교과서에서는 준왕이 위만에게 망한 단군조선의 마지막 천제(단군)인 것처럼 거짓 역사를 가르치고 있다. 이것은 한민족의 국통國統이 지금까지 왜곡되어 올바로 정립되지 않았기 때문이다. 또한 그동안 정통 대한사관에 따라 기록된 도가道家 사서史書를 불신하는 반면, 철저한 중화 중심의 천하 사상에 따라 쓰여진 진수의 『삼국지』 등의 기록을 맹신한 데에 기인하는 것이다. 『규원사화』를 비롯한 현존하는 도가 사서들은 고조선의 마지막 단군이 47세 고열가임을 전해 줄 뿐 아니라, 47세에 이르는 단군의 역대 계보와 제호帝號를 자세히 밝히고 있다.

6) 진개秦介

진개秦介는 BCE 300년경 연나라 소왕昭王 때 고조선(번조선)에 인질로 붙잡혀 있던 연나라 장수였다. 인질에서 도망친 후 다시 번조선을 쳐들어와 변방의 모퉁이 땅을 빼앗았다. 『위략魏略』에는 진개가 조선에 볼모로 붙잡혀 있었다고 기록되어 있다. 그런데 『사기』에는 조선을 동호東胡라 기록하고 「조선전」이 아닌 「흉노전」에 기재하여 고조선의 실체를 은폐하였다. 사마천이 『사기』를 저술한 시점은 한漢나라가 위만정권을 쳐서 우거를 멸하고, 군현을 설치·확대하기 위해 북부여와 전쟁을 벌이던 때였다.

7) 만번한滿番汗

만번한滿番汗(番汗縣)은 진개秦介가 고조선의 서쪽 2천 리를 빼앗은 뒤에 새로이 형성된 번조선과 연나라의 국경선 지역이다. 2005년 5월 27일 KBS1 TV에서 방영한 역사 스페셜 〈첫 나라 고조선 수도는 어디였나〉에서는, 만번한을 만현滿縣과 번한현番汗縣 지역으로 보았다. 또 만현은 지금의 요령성 개주시蓋州市 지역, 번한현은 『성경통지盛京通志』에 의거 개주시 북쪽에 있는 해성시海城市 지역으로 보았다. 번한현의 위치에 대해 소한사관에 빠진 종래 학계에서는 한반도 평양 북쪽에 있는 박천군博川郡이라고 주장했다. 지금의 중국 학자들은 청천강 유역으로 보고 있으나 이것 역시 잘못된 견해이다.

8) 궁궐 366칸

『삼국유사』와 『삼성기』 등에서는 신시 배달시대를 여신 환웅 천황께서 '인간 세상의 360여 가지 일[人事]'을 주관하였다는 기록이 있다. 북부여의 천안궁天安宮을 짓는 데도 366이라는 숫자를 썼다. 따라서 역수曆數는 환웅 천황의 신시개천 때부터 이미 썼던 것이다. 이것이 단군조와 단군의 제후인 요·순에게 전승되어 발전된 것이다. 그리하여 순임금 때는 1년 운행 도수를 365 1/4일이라 하였고[帝舜之朞], 공자는 『주역周易』「계사전」에서 앞으로 세계 개벽 후 열리는 새로운 시대는 시공이 완성되어 1년이 '360일'(當期之日三百六十)로 바뀌게 된다고 하였다.

9) 패수浿水

여기서 패수浿水는 BCE 200년경 북부여의 제후국인 번조선과 중국 한漢나라가 국경선을 이루었던 강이다. 『사기』「조선열전」을 보면 "진秦이 연燕을 병합한 후 요동 밖의 변방을 다스렸으나, 한漢이 일어나자 요동 밖을 지키기 어려워 물러나 패수浿水를 경계로 삼았다"고 하였다. 윤내현은 "이 패수에 대해서는 오랫동안 쟁점이 되어온 것으로서 요동遼東에 있다는 설, 낙랑군에 있다는 설, 대릉하설, 대동강설 등이 있다. 이와 같은 혼란을 야기시킨 것은 원래 패수가 어느 특정한 강을 지칭하는 고유명사가 아니었고 일반적으로 강을 지칭하는 보통명사였기 때문이다. 퉁구스 계통 종족의 언어를 보면 강江을 만주어로 畢拉(중국어 음으로 삘라), 솔론[索倫]어로는 必拉(삘라), 오로촌[鄂倫春]어로는 必雅拉(삐얄라)라고 하는데, 고대 한국어로는 펴라·피라·벌라 등이었다. 강에 대한 언어인 벌라를 향찰鄕札식으로 기록함으로써 후에 여러 강이 동일한 명칭으로 나타나게 되어 혼란을 주게 된 것으로 여겨진다"고 하였다(윤내현, 『한국고대사신론』, 231쪽).

기존 학계에서는 이 패수를 평안도 청천강이라 하였는데, 이것은 사대 식민주의 사관이 날조한 소위 '한사군의 한반도 북부설'을 끝까지 고수하기 위해 아무런 근거도 없이 주먹구구식으로 갖다 꿰맞춘 낭설에 불과한 것이다. 북부여 당시 북부여 제후국 번조선과 한나라의 국경선이었던 패수는 바로 지금의 하북성 조백하潮白河이다.

10) 삼한

삼한은 세 가지가 있다.

① 전삼한은 단군조선 시대의 삼한관경인 '진한·번한·마한'을 말한다.

② 후삼한은 신라·가야·백제이다.

③ 삼한(남삼한)은 고조선의 전삼한 체제가 무너진 후 전삼한 유민들이 한강 이남으로 내려와 세운 나라로, 이것이 현행 교과서에서 말하는 소위 '삼한 연맹의 나라'이다.

이때 '중마한中馬韓'은 상장上將 탁을 중심으로 월지국月支國(지금의 전북 익산 방면으로 추정됨)에 있었고, '중진한中辰韓'은 길림吉林 등지에서 경상도 경주 방면으로 내려와 후에 신라가 되고, '중번한中番韓'은 번·진한의 유민들이 합류하여 김해 방면으로 내려와 후에 가야가 되었다. 만주 대륙의 전삼한 시대에서 후삼한 시대로 전환은 한민족사의 역사 무대가 한반도로 축소되는 소한사관 시대로 들어서는 씨를 잉태한 것이다. 통일신라와 대진국이 남북으로 자리를 잡았던 남북국 시대가 막을 내린 후로는 본격적인 한반도 중심 역사 시대로 들어가게 된다.

그런데 이것은 단순한 한민족사의 위축이나 몰락의 시대가 아니다. 우주의 법도를 깨고 보면 한민족과 인류의 뿌리를 찾는 후천개벽 기운을 열기 위한 전환이요, 세계 문명을 개벽하는 간도수艮度數를 역사에 실현하기 위한 궤도 진입이다. 한반도는 지구의 핵이며 새 시대를 여는 역사의 눈이며, 숨구멍이며, 심장부이자 초점이다. 또한 세계 문화를 원시반본原始返本시키는, 동방 한민족과 세계 문명을 추수하는 곳이다.

11) 낙랑 왕 최숭崔崇

위만의 번조선 찬탈이 계기가 되어, 번조선 수도인 왕험성王險城의 백성들이 평안도 평양으로 옮겨와 낙랑국樂浪國(BCE 195~CE 37)을 세웠다.

일찍이 단재 신채호 선생이 『조선상고사』와 『조선사연구초』에서 지적했듯이, 지금의 교과서에 나오는, 중국과 일본이 날조한 소위 한사군의 '낙랑군'은 '낙랑국'과 엄연히 다르다(한반도 북부에는 애초부터 한사군이 없었다). 우리가 잘 알고 있는 '호동 왕자와 낙랑 공주' 이야기는 바로 낙랑국을 무대로 한 것이지 낙랑군에서 일어난 일을 말한 것이 아니다.

낙랑국을 세운 사람은 번조선 유민인 최숭이라는 부호이다. 낙랑국의 영역은 처음에는 평안도 일대에 그쳤다. 그러나 『삼국사기』에 신라와 싸운 기록을 보면 그 영역이 강원도 일부까지 넓어졌음을 알 수 있다. 뿐만 아니라 『태백일사』「고구려국 본기」에서 3세 대무신열제가 낙랑국을 정벌한 기록을 보면 낙랑국은 요동반도까지 진출했다는 것을 알 수 있다.

12) 낙랑산樂浪山

지금의 하북성 창려 지역에 있던 산. 위만정권의 수도인 왕험성도 바로 이 창려 지역에 있었다. 위만이 번조선을 침탈하기 직전에 최숭은 한반도 평양으로 이주해 와서 나라를 세우고 고향 지명을 그대로 따서 나라 이름을 '낙랑'이라 지은 것이다. 위만 정권을 멸하고 나서 한 무제가 설치했다고 하는 소위 한사군 중 낙랑 명칭도 그 유래를 따지고 보면 바로 그 지명을 그대로 군명郡名으로 쓴 것임을 알 수 있다. 낙랑군은 지금의 하북성 창려 일대에 있었다.

13) 고구려후高句麗侯

고구려의 어원은 배달국 14세 치우천황 때(BCE 2700년경)의 구려九黎이다. 중국 사서에서도 고주몽 성제의 고구려 개국 이전인 BCE 2세기 말에 이미 고구려라는 명칭이 등장한다. BCE 107년 한 무제가 북부여 영토 일부(요하 서쪽~대릉하)를 빼앗고 설치한 현도군에도 고구려현이 있었다. 당시 현도군에는 고구려高句麗 · 상은태上殷台 · 서개마西蓋馬라는 세 현縣이 있었다. 동한東漢의 응소應劭는 이 고구려현에 대해 "옛 구려句麗 오랑캐胡다"라고 주석하였는데 현도군이 설치되기 이전에 이미 고구려가 존재했음을 보여주는 기록이다.

본문에서 보는 바와 같이 해모수의 둘째 아들인 고진이 고구려후로 봉해졌는데, 후에 고진의 증손자인 고주몽이 북부여의 대통을 이어 '고구려'라는 나라 이름을 정함으로써 고구려는 제후국이 아니라 민족 전체의 영도국으로서 위상을 얻게 되었다.

『환단고기』는 주몽 성제가 고구려를 건국하기 약 50년 전, 서한西漢의 침략을 받아 그 일부가 현도군에 속하게 된 원래의 고구려를 '고구려', '고리藁離', '구려句麗'라고 표기하였다. 북부여의 해모수단군과 고두막단군도 본래 고리국 혈통이며, 특히 동명제 고두막한은 군현을 설치하려는 한에 맞서 의병을 일으킨 구국 영웅이다. 고리국은 문헌에 따라 북이北夷의 삭리국索離國(『후한서』) · 탁리국橐離國(『논형』 · 『양서』) · 고리국藁離國(『위략』) 등으로 표기되었다. 중국 사학자 김육불은 이러한 여러 이름을 모두 고리의 동음이사同音異寫로 보았다.

『단군세기』 23세 아흘단군 조에는 고리(구려)국 사람들이 은나라에 쳐들어가 회대淮岱 지역에 진출한 사실을 기록했다. 회대지역으로 옮겨간 사람들이 바로 서이徐夷가 되었다. 서언왕徐偃王 출생 설화가 고두막단군이나 주몽 성제의 출행 설화와 유사한 것은 이 때문이다.

『박물지』에 "서언왕이 진陳, 채蔡의 사이를 드나들면서 주궁朱弓과 주시朱矢를 얻었다. 이것은 하늘의 상서로움을 얻은 것이다"라고 했는데 '주朱'는 몽골·고구려 말로 '좋은'·'정확한'이라는 뜻이다. 서언왕은 서국徐國의 주몽(朱蒙 : 명사수)이었던 것이다.

또한 『일주서逸周書』「왕회王會」편에는 주周나라가 은나라를 멸하고 모든 나라의 축하를 받은 성주 대회成周大會에 대한 기록이 있다. 그 기록에는 동북 지역에 고이高夷가 있었다고 하였다. 이 고이高夷에 대한 공조孔晁의 주석에 "동북의 이夷로서 고구려이다"라고 하였다. 『수서隋書』「배구전裵矩傳」에는 "고려는 본래 고죽국孤竹國이다"라고 하였다.

14) 한사군

한국 고대사에서 가장 큰 쟁점이 되는 것 가운데 하나가 바로 한사군이다. 지난날 중국 사가들과 일제 어용 사학자, 그리고 이 땅의 반민족 사가들까지 한사군 문제를 철두철미 왜곡하여 우리 고대사를 식민지 역사로 만들어 버렸다. 한사군이 한반도에 있었다는 억지 주장을 관철시키기 위해 사서 날조는 물론 유물조작도 서슴지 않았던 것이다. 그러나 최근에 그 허구성이 만천하에 드러나고 말았다. 복기대 박사가「임둔태수장을 통해 본 한사군의 위치」라는 논문에서 '임둔태수장臨屯太守章'이 요하 서쪽 금서錦西시에서 출토된 사실을 폭로하자 기존의 학설은 설 땅을 잃게 되었다. 묘청의 북벌 운동 실패 이후로 근 천 년 동안 우리 역사를 그늘지게 했던 반도사관의 장막이 걷히기 시작한 것이다.

현재 **중국이 동북공정을 추진하여 '한강 이북을 중국이 차지하였던 영토'라고 주장하는 근원에는 한사군이 있다.** 우리나라 사학계에서 주류를 이루는 학자들은 북한 평양 지역에 있는 중국계 유적·유물들을

'한반도 한사군 설'의 결정적인 근거로 삼고 있다. 1915년 조선총독부에서 평양과 황해도 지역을 낙랑·대방군으로 못 박은 것을 현재까지 정설로 따르고 있는 것이다.

그러나 최근 북한은 이 지역에서 발굴된 유물이 BCE 3세기 이전부터 BCE 1세기 말까지 존재한 것으로 발표하였다. 낙랑군이 설치되었다는 BCE 108년보다 훨씬 앞선 시대의 것이며 한사군이 설치된 지 얼마 안 되어 사라진 유물이라는 것이다. 한사군이 설치되던 그 시대 인물인 사마천이 쓴 『사기』에도 '드디어 조선을 정벌하고 사군을 삼았다'고만 적고 사군의 이름을 적지 않았다. 또한 평양에 낙랑군이 있었다는 중국 기록이 하나도 없다.

그럼에도 일제는 정치적 목적으로 조선사편수회를 두고 우리 역사를 왜곡하였다. 한사군을 한반도 내로 끌어들여 **'우리 역사가 식민지에서 시작된 것으로 조작'하였다. 중국이 밑돌 깔고 일제가 못 박아 왜곡시킨 '평양 지역 한사군'은 광복 후에도 조선사편수회 촉탁이었던 이병도와 그 제자들이 주류를 형성한 우리나라 학계의 정설이 되어 역사의 뿌리를 단절시켜 버린 것이다**(이덕일, 『한국사, 그들이 숨긴 진실』).

15) 천제의 아들[天帝子]

고구려 시조 고주몽이 "我是天帝之子"라고 말한 바 있고, 광개토대왕 비문에도 같은 기록이 있다. 동한東漢(25~220)의 채옹蔡邕(132~192)이 지은 『독단獨斷』 상권에도 "天子, 夷狄之所稱, 父天母地, 故稱天子"라고 하여 천자天子라는 말이 중국 것이 아니라 본래 우리 동방 조선족[東夷]의 말임을 밝히고 있다. 이것은 본래부터 우리 나라가 '천자 나라[天子國]였다'는 역사적 사실을 명백히 밝혀 주는 기록인 것이다.

다시 말하면 칭제건원稱帝建元을 하게 된 연원은 환인 천제께서 여신 환국 시대의 신교의 '삼신사상'에 있는 것이다. 천자라는 말은 본래 삼신 상제님의 정신을 체득하여 삼신상제님을 대행하여 그 진리(신교)로써 세상을 교화하고 다스리신 환웅·단군을 천제자天帝子=天子라 한 데서 연유하였다.

이 신교의 삼신三神 사상이 중국사의 시조라 일컬어지는 황제 헌원 때에 (사실은 그 이전에) 중화로 건너가 한 차원 낮은 '천天 사상'으로 바뀌면서 천자天子로 불리게 된 것이다. 그러나 중국에서는 요·순과 하·상·주 시대를 지나 춘추전국 시대에 이르러 6국을 통일한 진 시황이 최초의 천자로서 황제皇帝가 되었을 뿐이다. 즉, 중국에서 천자제도가 시행된 것은 2,200년 전 일이다. 우리 동방 한민족이 배달시대부터 환웅을 '천제자天帝之子'라고 부른 것에 비하면 2600여 년이나 지난 후세의 일이다.

16) 동명東明

동명은 후북부여(졸본부여)를 창시한 인물로 고두막한을 말한다. 주몽은 후북부여의 대통을 이어 고구려를 건국한 시조 고주몽이다. 따라서 두 사람은 전혀 다른 인물이다. 국통을 난도질하여 어지럽히는 전형적인 소한 사관과 철저한 사대주의 정신으로 역사를 기록한 『삼국사기』에는 동명과 주몽을 같은 인물로 기록해 놓았다. 그러나 김천령金千齡(연산군 때의 문관)이 지은 부賦에서 "동명이 창업하고 주몽이 계승하였다東明創其緒業, 朱蒙承其餘波"라고 하여 동명과 주몽이 전혀 다른 인물임을 전하고 있다.

그런데 '동명東明'이라는 호칭은 몽골어에서 흔히 발견되는 'Tumn'의 음역音譯이라는 견해도 있다. 이 칭호는 '대족장·만호장'이라는 뜻으로 흉노제국의 두만선우頭曼單于처럼 유목 군장의 이름에서 자주 발견된다(박원길, 『유라시아 초원제국의 샤머니즘』, 252~256쪽).

17) 서안평西安平

서안평은 내몽고 임황臨潢으로 지금은 임동林東 또는 파림좌기巴林左旗라고 한다. 종래 학계에서는 서안평西安平이 평안도 의주 맞은편 압록강변에 있다고 하였다. 그러나 한漢나라 때 요동군遼東郡 서안평현西安平縣이 압록강변에 있었다는 기록은 그 어디에서도 찾을 수 없다. 서안평의 위치는 『요사遼史』「지리지地理志」에 "상경 임황부는 본래 한漢나라의 요동군 서안평 땅이다上京臨潢府 本漢遼東郡西安平之地"라고 하였다. 거란이 세운 요遼나라의 수도인 상경 임황부가 본래 한나라 때 요동군 서안평현이 있었던 곳임을 분명히 밝힌 것이다.

『태백일사』「대진국본기」에도 "서경西京 압록부는 본래 고리국이요, 지금의 임황臨潢이다. 임황은 후에 요遼나라 상경 임황부가 되었는데, 곧 옛날의 서안평이다"라고 하였다. 이상의 기록에서 우리는 한나라 때 요동군이 지금의 요하 동쪽에 있지 않고 '난하 동쪽'에 있었음을 분명히 알 수 있다. 고구려 당시 요수遼水는 지금의 요하가 아니라 난하였다는 사실을 다시 한 번 강조해 둔다.

18) 가섭원迦葉原

가섭원은 해부루가 북부여 5세 단군이 된 고두막한에게 나라(북부여)를 넘기고 강봉降封되어 동쪽으로 이주한 곳이다. 해부루가 동부여(가섭원 부여)의 시조이다. 가섭원의 전거는 『삼국사기』「고구려본기」동명왕 조에도 나와 있는데 그 위치는 밝히지 않았다. 식민주의 사관을 가진 이들이 함경도 동해안으로 비정하고 있으나, 근거가 희박하다.

단재 신채호는, 우리 고어古語에 삼림을 '갓' 혹은 '가시'라 하는데, 지금의 함경도와 길림 동북부 그리고 연해주 남단 등에 수목이 울창하여 수천 리의 삼림바다森林海를 이루기 때문에 '가시라'라 칭하는 것이요, 가시라는 삼림국森林國이라는 뜻이라 하였다. 가시라를 이두로 표기하면 갈사국葛思國, 가서라迦西羅, 하서량河西良 등이 되는데, 이런 명칭은 『삼국사기』「고구려본기」와「지리지」에 보이며, 대각국사가 지은 『삼국사三國史』에서는 「가섭원기加葉原記」라 하였다(신채호, 『조선상고사』상, 164쪽).

이유립은 가섭원의 위치가 지금의 만주 흑룡강성 통하현通河縣이라 하였다.

부 록

일본 문화의 뿌리, 동방 배달의 삼신 문화

1. 신교의 삼신문화가 일본 신도가 됨

일본의 신화는 고조선과 부여의 삼신과 칠성사상에서 비롯한다. 일본 고대사의 전환점에서 쓰인 『일본서기』와 『고사기』의 '신대기'神代記에는 '조화삼신'造化三神이 나타난다. 그 세 신은 아메노미나카누시노가미天御中主尊와 다카노무스비노가미高皇産靈尊 그리고 칸무스비노가미神皇産靈尊를 말한다. 일본 역사에서 하늘과 땅이 처음 열리는 태초로부터 이 삼신은 조화의 머리였다.

이러한 삼신 뒤에 신세 7대가 출현한다. 하늘에 **삼태**三台 **칠성**七星이 있듯이, 일본 신화도 삼신과 '신세 7대'神世七代에 근원을 두는 것이다. 이 '신세 7대'는 환국桓國 시대 '7세 환인桓因'의 내용과 닮았다. 이 신들은 모두 천신으로, 거주하는 곳이 다카마노하라, 즉 고천원高天原이며, 그 하늘은 배달 한민족 시원 역사의 터전인 한반도와 그 북방의 대륙

큐슈 가고시마현의 타카치호 봉우리
일본신화의 천손강림지로 여겨지는 곳이며 산 정상에는 삼지창이 거꾸로 세워져 있고 저 멀리 가라쿠니다케韓國岳가 보인다.

을 뜻한다. 이러한 사실은 일본의 여러 신화를 통해서 알 수 있다.

일본이 시조신으로 받드는 아마테라스 오오가미天照大神는 고천원을 다스리는 일본 천왕가의 황조신皇祖神이다. 이 아마테라스의 손자인 니니기노미코토가 일본 열도에 있는 큐슈의 타카치호 봉우리에 내려온 사건을 일본 신화에서는 천손강림이라 말한다. 니니기노미코토는 하늘에서 내려올 때, 세 가지 신의 보물[三種神器]이라는 거울·칼·곡옥曲玉을 갖고, 다섯 부족의 신[五伴緒, 五部神]을 거느리고

삼종신기 구리거울, 검, 곡옥.

왔다고 한다. 이것은 환웅천황이 지상에 내려올 때 천부인天符印 세 개를 가지고 풍백·우사·운사와 무리 3천을 거느리고 백두산 신단수에 내려왔다는 내용과 아주 유사하다. 현재도 천손강림지로 알려진 큐슈의 다카치호 봉우리에는 거꾸로 세워진 삼지창이 있다. 그리고 세 가지의 보물 중 거울은 미에현의 이세伊勢신궁에, 칼은 나고야의 아쯔다熱田신궁에, 곡옥은 황실에 보관되어 있다.

일본에서는 아마테라스 외에도 자신의 조상신과 산천의 여러 신을 모두 다 섬긴다. 그래서 팔백만 신을 섬긴다는 소위 야오요로즈노가미八百万神 신앙이 생겨났다. 이러한 다신 신앙은 삼신상제를 받들고 조상 선령신과 천지의 모든 신명을 섬기는 동방 신교문화의 다신 체계와 동일하다.

2. 일본의 용봉龍鳳문화

일본 왕실의 최고신인 아마테라스오오가미天照大神에게 제사를 지내는 이세신궁은 위계 서열싱 최고 위치에 있는 신도의 총본신이다. 여기서는 20년미디 신궁본전의 위치를 옮겨 짓는데 이를 식년천궁式年遷宮이라 한다. 이 때 예식을 하면서 이동하는 모습을 보면 '태일太一'이라는 글자가 씌어 있는 큰 깃발을 들고 행진한다. 이것은 동방 배달과 조선의 신교문화에서 볼 수 있는 태일신앙이 일본에 전해진 모습을 잘 보여준다. 태일신앙은 인간이 신성을 회복하여 천지의 뜻을 이룬다는 것으로, 천지를 대행하여 천지의 뜻을 이루는 천자문화와 같은 맥락으로 이해할 수 있다. 이 천자문화의 원뿌리가 바로 동방 배달, 한민족이다.

신궁의 마쯔리 축제 태일이 적힌 팻말이나 깃발을 들고 행진한다.

또 봄(4월)에 열리는 가쿠라사이神樂祭를 보면, 용과 봉황 무늬가 그려진 장식물이 내걸리고 그 앞에서 행사가 치뤄진다.

동방 한민족의 천자문화는 용봉문화로 상징된다. 이 용봉문화가 일본 왕실에 전해져 지금까지 내려오고 있는 것이다. 일본왕의 즉위식 때 복식을 보면 **용봉무늬와 북두칠성, 삼족오**가 수놓아져 있고 다른 여러 기구들에도 봉황이 새겨져 있다. 그리고 국기를 다는 깃대 꼭대기에도 원래는 봉황(킨시金鵄)을 올려놓았다. 또 일본왕이 교체될 때마다 전해지는 것이 삼종의 신기 중 하나인 곡옥이다. 이것은 홍산문화에서 볼 수 있는 용의 모습을 상징한 곡옥과 동일한 형태를 하고 있다.

일본 천황제는 바로 **동방의 천자제도를 모방**한 것이다. 『일본서기』나 『고사기』를 보면 7세기에 들어서야 천황이란 칭호가 사용되었음을 알 수 있다. 일왕을 칭하는 '천황'은 '천황대제'에서

차용한 것이다. 천황대제는 자미원을 이루는 북극성을 말하며, 이 북극성을 하늘의 성스러운 황제를 뜻하는 **천황대제 별**이라고 일컫는다. 즉 천황은 '북신北辰의 별' 북극성을 신령화한 용어이다.

천자제도는 본래 배달의 환웅천황에서 비롯하여 고조선의 단군왕검로 이어져 간 것이다. 『단군세기』를 보면, 고조선 3세 가륵단군 때(BCE 2173) 두지주의 예읍이 반란을 일으킨 사건이 나온다. 반란이 일어나자 여수기에게 명하여 그 추장 소시모리의 목을 베게 했는데 '그 후손에 협야노陜野奴라는 인물이 바다로 도망하여 삼도三島를 점거하고 스스로 천왕이라 칭하였다'는 기록이 전한다. **협야노가 곧 일본의 초대 왕, 진무[神武]**이다. 협**야노가 단군의 천자제도를 그대로 가져간 것**이다.

이세신궁에서 마쯔리 때 사용하던 용봉 북

3. 일본에서 발굴된 목선

1987년 7월, 일본 나가사키에서 목선木船 한 척이 발굴되었다. 이 목선은 BCE 4천년 경, 한반도에서 일본으로 건너 간 것으로 밝혀졌다(경향신문 1987. 6. 23). BCE 4천년이라면 소위 빗살무늬 토기 시대이므로, 당시 빗살무늬 토기를 가진 한반도의 선진 문화가 일본에 전파되었음을 알려 주는 획기적인 증거이다. 즉 BCE 4천 년 경 한반도의 빗살무늬 토기가 일본으로 건너가 일본 소바타 토기(BCE 3~2천 년)의 원류가 되었음을 증명해 주는 것이다. 서울대 임효재 교수는, **발굴된 목선은 일본 신석기 문화의 원류가 한반도임을 알려주는 것**이라고 밝혔다(한국일보 1987. 6. 23).

BCE 4천 년부터 CE 600년까지 한반도에서 많은 사람이 왜로 이주해갔다. 일본 큐슈 다케하라竹原 고분 벽화를 보면, 사람들이 배에서 말[馬]을 내리는 모습이 그려져 있다. 3세기에 편찬된 『삼국지』「위지」에, '왜국에는 말이 없었다' 는 기록이 있다. 따라서 벽화는 한반도와 대륙에서 건너간 사람들과 말을 그린 것으로 추정된다. 왜로 이주해간 한민족은 마을을 만들고 도자기를 제조했으며, 양잠이나 논농사를 하면서 삶의 터전을 일구어 나갔다.

다케하라 고분벽화 배에서 말을 내리는 모습이 그려져 있다.

4. 일본 신사는 신교의 소도

  동방 한민족의 제천의례로는 부여의 영고, 동예의 무천, 마한의 소도 제천의식, 고구려의 동맹, 백제의 교천, 신라와 고려의 팔관회 등이 널리 알려져 있다. 한민족 고유의 신교 제천풍속은 배달국, 단군조선시대부터 이어져 온 것이며, 환국에 그 뿌리를 두고 있다. 이러한 **신교의 제천의례**도 한민족의 이주와 함께 일본에 전해졌다. 이 유습이 지금의 신사 문화로 남아 있는 것이다.

  일본이 고유문화라 자랑하는 **신사는 신교의 소도**蘇塗 **제사문화가 그대로 전해진 것**이다. 일본 신사의 정문에 해당하는 **도리이**鳥居**는 솟대를 상징**한다. 우리나라 곳곳에는 지금도 소도임을 알리는 표지인 솟대를 찾아볼 수가 있다. 솟대는 신조神鳥가 앉아 있는 나무기둥이다. 도리이에는 비록 새는 없지만 그 뜻에서 새가 있는 기둥임을 알 수 있다. 그리고 신사의 신성한 곳에는 '시메나와注連繩'라고 하는 금줄이 걸려 있다. 이 금줄은 소도의 신성한 지역임을 알리는 것이었다. 또 신사에는 설날 아침에 마시는 '도소자케塗蘇酒'라는 술이 있다. 이 술 이름은 소도를 거꾸로 하여 도소라 부른 것으로 소도주蘇塗酒를 뜻한다.

  이러한 신사문화는 일본열도에서 야마토 왜大和倭가 기틀을 쌓기 시작할 때 한반도에서

이세신궁의 내궁으로 들어가는 입구 신궁에는 일본의 국조신인 천조대신을 모시고 있다.

들어왔다. 곧 11대 수인垂仁 왕 때, 신라에서 왕자 아메노히보코天日槍가 무리를 이끌고 7개의 신물神物을 갖고 일본에 도래한 것이다. 옥과 칼과 거울, 그리고 '곰[熊]의 히모로기神籬' 등이었다. 앞 세 가지는 일본이 보물로 여기는 **'세 가지 신의 물건'**[三種 神器]이고 **곰의 히모로기**는 바로 **신단, 곧 소도를 의미**한다. 근래 신시 배달국과 관련된 홍산문화 유적지에서 천제를 올렸던 원형제단과 곰 토템 유물이 출토되었다. 곰의 히모로기는 바로 **한민족 문화의 원형인 곰 토템의 신단을 의미**하는 것이다.

일본에서는 옛날에 신사의 사전社殿이 없었고 수풀 속에 신이 있다는 관념에서 큰 나무에게 제사지냈다. 이 때 히모로기는 신단, 즉 신령에게 제사를 지내는 제단이었던 것이다. 그 신단에는 큰 나무가 있었다. 곧 **신단수**神壇樹이다. 단壇에 나무가 있는 것은 그 역사가 오래다. 단군왕검이 신단수 아래로 내려왔고, 마한의 소도에도 방울과 북을 매단 큰 나무가 있었다. 이것이 곧 후대 일본 곳곳에 세워진 신궁과 신사의 원형이다. 일본열도에 산재한 신궁은 신교의 신단인 셈이다. 결국 일본의 신도가 천신 곧 삼신을 모신 신교의 옛 풍속이 변화된 것임을 확인시켜 준다.

나라현 가스가타이샤(春日大社) 경내에 있는 천년 고목
우리나라 당산나무처럼 나무에 금줄을 둘렀다.

5. 신도는 신교(제천)의 옛 풍속

동경대학 교수였던 구메 구니다케久米邦武(1839~1931)는 1891년(명치 24) 일본 『사학회 잡지』에 **"신도神道는 제천祭天의 옛 풍속"**이라는 글을 게재하여 필화사건을 일으켰다. 구니다케는 "일본은 경신敬神의 나라이며, 일본의 신도는 제천보본祭天報本에서 생겨난 풍속이다. 하늘을 받들며, **천신의 아들[天子]을 나라의 제帝에 봉하고 제정일치의 다스림을 행한 것**이다. 이세태신궁伊勢太神宮도 하늘을 제사하였다.… 일본 천황들은 아마테라스오오가미天照大神를 모시고 제사지낸 것이 아니었다. **고대의 왜한倭韓은 모두 동일한 천신을 제사지냈다.** … 고조선 시대에 영고, 동맹과 마찬가지로 일본 천황들도 신상제新嘗祭(니나메사이)를 지냈다"라고 주장하였다.

이런 내용은 당연히 신도를 근간으로 만들어진 소위 만세일계의 일본 왕실과 신도계의 분노를 사지 않을 수 없었다. 이 논문이 발표된 직후 메이지 정부는 구니다케를 동경대학에서 추방했다.

구니다케는 일본 천황들이 제사에서 받들던 신이 본래 일본의 시조신이자 천황가의 황조신皇祖神인 아마테라스오오가미가 아니라, **한민족이 받들었던 '천신 곧 삼신상제'임을**

오사카의 야사카신사 정문 이 신사는 아마테라스오오미가미天照大神 동생인 스사노오노미코도素盞嗚尊를 주신으로 모시고 있다.

밝혔던 것이다.

일본의 원형문화를 찾으려 하면 '신도神道'를 보지 않을 수 없다. 신도는 일본 역사이자 고유 종교이기 때문이다. 오늘날 일본의 신도라 히면, 울창한 숲에 둘러싸인 신사가 떠오른다. 신사는 원래 '신神의 사社'라는 뜻이다. 『만엽집』에서는 두杜, 삼森, 사社, 신사神社를 모두 '모리森'라 읽었다. 고대 일본인들은 삼림이란 신들의 영이 깃든 신성한 영역이므로 사람이 함부로 들어가서는 안 되는 곳이라 믿었다. 신도는 '신궁神宮'·'신사神社'를 터전으로 한다. 신궁이나 신사는 **'신단이 있는 곳'**이다. 오늘날 신사에 모신 신은 다양하지만, **초기에는 천신을 모셨던 것**이다.

오사카의 가라쿠니신사 가라쿠니는 한국이라는 뜻으로 원래 한국韓國신사였으나 발음이 같은 신국辛國 신사로 이름을 바꾸었다. 일본인들은 아이가 3, 5, 7세가 될 때마다 신사에 데려가 신에게 건강과 복을 기원한다.

6. 한민족의 신, 일본의 천신天神이 되다

일본의 대표적 신화와 역사를 기록한 책으로 『일본서기』와 『고사기』가 있다. 여기에 등장하는 신들은 두 부류로 나눠지는데 하나는 천신天神이고 다른 하나는 국신國神이다. 천신은 고천원에서 내려온 신들이며 국신은 일본열도 내의 신이다. 신화의 내용을 보면, 일본열도의 통일은 국신(지역신)들이 천손들에게 국토를 이양하면서 이루어졌음을 알 수 있다.

그러면 천신의 고향인 고천원, 그 하늘은 어디일까? 말할 필요도 없이 한반도이다. **천신은 모두 삼신상제를 모신 신교의 종주국, 인류문명의 종주국인 동방 한민족의 '삼신을 모시는 신'** 들이다. 따라서 천신은 고조선 지역에서 건너온 신들이었다. 때문에 **'천손족은 모두 조선 사람이다'** 라는 말도 있다.

이런 내용은 고대 일본의 천손강림 신화와 이즈모 신화에서도 확인할 수 있다. 아마테라스오오가미의 후손인 니니기노미코도가 일본 땅에 내려오면서 '이 땅은 **가라쿠니[韓國]**를 바라보는 매우 좋은 땅' 이라 하였다. 또한 이즈모 신화의 주인공인 스사노오노미코토는 고천원에서 신라의 소시모리를 거쳐 이즈모지역에 도착하여 일본 열도를 개척하였다. 여기서 니니기가 바라보는 한국은 말할 필요도 없이 자신의 고향이자 모국인 한반도였다. 더 정확히 말하면 그 한국은 바로 한반도를 포함하여 그 북방 대륙에 있는 전삼한과 후삼한의 땅을 가리킨 것이다. 때문에 **전·후삼한에 대한 정확한 인식은 일본사의 기원과 뿌리와 맥을 밝히는 근본 열쇠**이기도 하다.

7. 무절武節과 화랑도를 이어받은 일본의 낭가문화

　환인천제 시대로부터 전해 내려온 신교의 가르침은 단군조선에서 부여를 거쳐 고구려까지 이어졌다. 단군조선의 **국자랑**國子郎 혹은 **천지화랑**天指花郎 제도가 고구려에 와서는 **조의선인**皂衣仙人 제도로, 백제에서는 무절로 발전했으며, 신라에서는 **국선화랑**國仙花郎(花郎徒-화랑花郎과 낭도郎徒)이 되었다. 11세 도해단군 조를 보면, "명산에서 가장 뛰어난 곳을 찾아 **국선**國仙**의 소도를 설치**하게 하셨다"고 했다. 또 13세 흘달단군 때인 무술 20년(BCE 1763년), "미혼 자제로 하여금 글 읽고 활쏘는 것을 익히게 하여 이들을 국자랑이라 부르게 하였다. 국자랑들은 돌아다닐 때 머리에 천지화를 꽂았으므로 사람들은 이들을 천지화랑이라고도 불렀다"라고 하였다. **국선이 화랑**이고 국선이 모이는 곳이 소도인 것이다.

　그들은 수려한 산이나 강을 찾아 단체 생활을 하면서 단결력과 무사정신을 길렀으며, 정서와 도덕을 함양하였다. 또한 무술, 마술, 궁술 등을 익혀 용맹한 전사로서 국가에 충성하였다. **조의선인이나 화랑은 신교의 종교정신으로 무장한 군대**였던 것이다. 이들은 **소도 무사**였다.

　이러한 백제의 무절과 신라 화랑제도가 일본에 전파되어 일본의 **무사도**武士道를 만들었다. 일본 또한 전국시대戰國時代에는 한 장군將軍 밑에 많은 사병, 곧 사무라이(또는 낭인郎人)를 두었다. 신라 화랑제도와 비교해 본다면 화랑은 일본의 **쇼군**將軍에, 낭도는 **쇼군의 사병**私兵, 즉 **료진**郎人이라 불린 **사무라이**에 해당한다.

　일본의 무사도는 중세에 들어 발생하였다. 이 때부터 료진의 이름에 **낭**郎자를 붙이는 경우가 나타났다. 낭은 화랑도에서 따온 글자이다. 즉 죽지랑, 처용랑, 미이랑, 장춘랑 등과 같이 신라 화랑의 이름에 낭자를 붙인것처럼, 료진들도 이름에 낭자를 붙여 썼던 것이다. 또한 일본인은 의인, 열사, 협객 등이 등장하는 설화로써 무사도 정신을 고취하는 것을 **낭화절**浪花節(나니와부시)이라 말한다. **낭화는 화랑을 거꾸로 쓴 것**이다.

　『일본문화사』에서 "무사도는 유儒·불佛 사상에서 나온 것이요, 무사도 정신은 의義·용勇·애愛"라 하였다. 여기서도 무사도가 일본 사상이 아니고 외래 사상임을 알 수 있다.

그러나 유·불과 의·용·애를 함께 말한 것은 잘못이다. 유의 본질은 인仁이고 불의 본질은 자비이다. 그런데 **의·용·애를 본질로 한 것은 무절이나 화랑도뿐**이다. 사무라이 정신은 일찍이 백제의 무절과 신라의 화랑제도를 본받은 것이다. 일본왕조를 열 때 백제인의 이주가 잦아짐에 따라 백제의 무사도 정신이 일본에 토착화되었다. 앞서 말한 것처럼 무절과 화랑도는 고조선의 국자랑에 그 근원을 두고 있으므로 일본 무사도 정신은 그 본래 연원이 바로 **조선 신교의 낭가정신**인 것이다. 일본 근대화의 문을 연 **메이지 유신**도 이러한 **무사도 정신이 그 원동력이 되었다.**

길림성 무용총 내부 벽화의 조의선인皂衣仙人(仙輩)
주인이 손님을 접대하는 그림이다. 왼쪽에 음식상을 놓고 앉아서 주인과 대화하고 있는 두 손님은 신분이 확실치는 않으나 조의선인의 모습이 이들과 같았으리라 추정된다. 조의선인이란 '검은 빛깔의 조복皂服을 입은 선인' 이라는 뜻으로 선배 또는 선비라 불렀다.

8. 나라 이름 '일본'에 나타난 동방 한민족의 광명사상

일본이란 나라 이름이 처음 나타난 때는 670년 경이다. 그것도 일본 내 기록에서는 찾을 수 없고 『삼국사기』에 처음 보인다. 『삼국사기』를 보면, 문무왕 10년(670) 12월에 "왜국이 이름을 고쳐 일본日本이라 하고 스스로 '해 나오는 곳에 가까워 이처럼 이름을 지었다'"는 기록이 있다. 일본은 '일출지본日出之本'의 뜻이라는 것이다. 자신들의 나라가 '해가 떠오르는 뿌리'에 위치한다는 것이다.

『당서唐書』에는 '일출지변日出之邊'이라 하여 '해가 뜨는 귀퉁이'라는 뜻을 취하여 일본이라 명명했다고 하였다. 성덕태자가 수 양제에게 국서를 보내면서도 "해 뜨는 곳의 천자가 해 지는 곳의 천자에게 보낸다"라고 하였다.

그러나 이 **'일본'이라는 나라 이름에 깃들어 있는 정신은 환국·배달·조선의 광명사상이다. 동방의 광명정신을 그대로 계승한 것**이다. 따라서 일출지본, 일출지변이라는 말을 내세우는 것은 오히려 자기들이 광명의 나라, 뿌리되는 나라라고 자긍심을 가지고 있는 것이다. 오늘날 일본의 국기인 일장기도 이러한 광명사상이 표현되어 있다.

9. 부여 풍속을 간직한 일본문화

일본에 남아 있는 풍속 중에는 부여풍속을 간직한 예가 많다. 몸가짐이나 예법, 의복 등에서도 찾아볼 수 있다. 일본 사람들이 귀에다 대고 소곤소곤 말하고, 긴 소매 옷을 입으며, 술을 마실 때 술잔을 씻어서 상대방에게 바치는 것은 부여의 풍속과 같은 것이다. 일본 민족이 부여계임을 드러내는 실례들인 것이다.

심지어 한민족의 사자무獅子舞가 일본에 건너가 사자물獅子物이 되었고, 곡예가 원악猿樂(사루가꾸)이 되고 능악能樂(노가꾸)이 되기도 했다.

10. 일본에 옮겨진 백제문화

부여 왕 의라가 왜를 정복하고 '**야마토**大和 **왜**倭'(실상은 현재의 오사카에 세워진 '나니
와難波 왜'이다)를 세웠다. 이 의라가 일본의 15대 응신천왕이다. 이 때 왜를 지원하기 위
해 백제 왕이 왕인王仁, 아직기阿直岐, 봉의공녀縫衣工女를 보냈다. 또 백제인 궁월군弓月君
은 120현의 주민을 이끌고 왜로 건너가 **하타秦씨의 시조**가 된다. 또 아치노오미阿知使主
가 17현의 사람들을 거느리고 왜로 갔다. 이 백제인들은 모두 응신조 건국을 대대적으로
지원하였다. 『속일본기』를 보면 8세기 중반에 **야마토 지역 인구의 80~90%가 도래인**渡來人
이었다고 한다. 이후에도 계속하여 백제인들이 이주하고, 백제문화가 일본으로 이식되었
다. 그리하여 백제문화는 일본문화의 뿌리가 되었고 **일본은 사실상 백제의 분국**이 되었
다.

한민족의 집단이주에 대해서는 일본의 세계적인 고고학자인 에가미 나미오江上波夫는
1959년 '기마민족 도래설'을 발표하였다. 이 설은 세상을 놀라게 하면서 학계에 격렬한

오사카에 있는 왕인묘

나라의 아스카사 백제로부터 불교가 전해진 후 일본 열도의 본격적인 가람의 시초가 되었다.

교토에 있는 백제왕신사 일본에는 백제왕을 모신 신사가 많다. 이것은 일본이 백제의 분국이었음을 말해주는 것이다.

논쟁을 불러일으켰다. 에가미가 주장한 내용은 "일본의 고분시대는 전기인 4세기와 후기인 5~7세기로 확연히 구분할 수 있는데, 고분 출토 유물에 마구와 갑옷 등 기마민족 유물들이 대량으로 출토되는 것에 주목하여 **북방 기마민족의 정복 왕조가 탄생했다**"는 것이다.

또한 전삼한 지역과 한반도 지역에서 전란이 계속되면서 일본으로 건너오는 도래인이 늘어났다. 도래인이 증가함에 따라 일본열도에는 새로운 문화가 파도처럼 일어나고 왜인倭人들의 생활자체에 큰 변화가 나타났다. **일본 고대**에 속하는 5세기는 분명 문명개화의 시대이며 이 **문명개화의 주역이 도래인**이었다. 도래인들은 스에키須惠器 토기문화를 일으켰고(가야인), 불교미술문화를 전파하기도 했다(백제인). 백제에서는 말[馬]도 전해 주었고, 신라의 왕손 다지마모리田道間守는 귤을 전하기도 했다.

중국 사서에 일본을 왜倭라고 하였다. 왜에는 '왜소하다'는 뜻과 '사람을 졸졸 좇아다닌다'는 뜻이 있다. 항상 문화 선진국에 의지하여 문화를 전수받는다는 의미인 것이다. 이처럼 '왜' 자 자체에도 시원문화를 좇아가는 종속 의식이 담겨 있다.

타카마츠고분 벽화 전형적인 고구려 벽화양식으로 고구려인의 모습이 그대로 담겨져 있다.

참고 문헌

원전

〈한국문헌〉

『환단고기桓檀古記』, 배달의숙, 1983.

『동사강목東史綱目』, 민족문화문고간행회, 1985.

『삼일신고』(韓國名著大全集 28), 대양서적, 1982.

『삼국유사三國遺事』, 명문당, 1993.

『삼국사기三國史記』, 성암고서박물관, 1986.

『제왕운기帝王韻紀』, 을유문화사, 1996.

〈중국문헌〉

『관자管子』, 南嶽, 1982.

『만주원류고滿洲源流考』, 홍익제, 1993.

『사기史記』, 文淵閣四庫全書, 史部 正史類.

『산해경山海經』, 巴蜀書社, 1993.

『삼국지三國志』, 신원문화사, 1995.

『설문해자說文解字』, 中華書局, 1993.

『설원說苑』, 동문선, 1997.

『수경주水經注』, 商務印書館, 1990.

『오월춘추吳越春秋』, 臺灣商務印書館, 1968.

『죽서기년竹書紀年』, 法仁文化社, 1989.

『춘추좌전春秋左傳』, 韓國經學資料集成 138, 成均館大學校出版部, 1998.

『한서漢書』, 中華書局, 1985.

『후한서後漢書』, 中華書局, 1993.

〈일본문헌〉

『고사기古事記』, 河出書房新社, 1984

『일본서기日本書紀』, 勉誠社, 1995.

〈종교 관련 문헌〉

『증산도 도전道典』, 대원출판, 2003.

『신사기神事記』, 양우당, 1988.

『신단실기神檀實記』, 한뿌리, 1986.

환단고기 번역 및 주해서

가시마 노보루, 『환단고기』, 民族文化社, 1989.

강수원 옮김, 『환단고기』, 온누리, 1985.

강희남, 『(새번역)환단고기』, 법경원, 2008.

고동영 역, 『환단고기』, 한뿌리, 1996.

금청도 역, 『환단고기』, 고대원출판사, 1992.

김은수 주해, 『(주해)환단고기』, 가나, 1985.

단학회연구부, 『환단고기』, 코리언북스, 1998.

문재현, 『환단고기』, 바로보인, 2005.

서완석, 『환단고기의 진실성 실증』, 샘, 2009.

손석우 역, 『환단고기』, 한밝문화원, 1988.

양태진, 『환단고기(영토사로 다시 찾은)』, 예나루, 2009.

이민수 역, 『환단고기』, 한뿌리, 1986.

이일봉, 『실증 한단고기』, 정신세계사, 1998.

임승국 역, 『한단고기』, 정신세계사, 1986.

임훈, 『환단고기』, 배달문화원, 1985.

전동헌 편저, 『백의민족의 뿌리(역사):주해 환단고기』, 태봉기획, 2003.

한재규, 『(만화)환단고기, 북캠프』, 2004.

원전 번역 및 주해서

고동영 역주, 『규원사화』, 한뿌리, 1993.

고동영 역주, 『단기고사』, 한뿌리, 1993.

국사편찬위원회, 『(국역)중국정사조선전』, 신서원, 2004.

권근, 민족문화추진회 역, 『(국역)양촌집』, 민족문화문고간행회, 1985.

김교헌 · 박은식 · 유근 엮음, 김동환 해제, 『단조사고』, 한뿌리, 2006.

범세동 저, 정주영 연의, 『화동인물총기』, 전남대학교출판부, 1993.

서거정, 『(국역)동국통감』, 세종대왕기념사업회, 1996.

신채호 저, 박기봉 옮김, 『조선상고사』, 비봉출판사, 2006.

신채호 저, 이만열 주석, 『주석 조선상고사』 상 · 하, 단재 신채호선생기념사업회, 1999.

신채호 저, 이만열 역, 『(주석)조선상고문화사: 독사신론조선사연구초』,
        단재신채호선생기념사업회, 1992.

장진근 역주, 『만주원류고』, 파워북, 2008.

정재서 역, 『산해경』, 민음사, 1999.

최남선 저, 정재승 · 이주현 역주, 『불함문화론』, 우리역사연구재단, 2008.

국내 단행본

〈저서〉

강인구, 『고고학으로 본 한국고대사』, 학연문화사, 2001.

고조선사연구회 · 동북아역사재단, 『고조선의 역사를 찾아서』, 학연문화사, 2007.

고준환, 『하나되는 한국사』, 범우사, 1992.

기수연, 『후한서 동이열전 연구』, 백산자료원, 2005.

김달수, 『일본속의 한국문화』, 조선일보사, 1986.

김문길, 『일본고대문자연구』, 형설출판사, 1992.

김영주, 『한민족의 뿌리와 단군조선사』, 대원출판, 2004

김용운, 『한일 민족의 원형』, 평민사, 1989.

김원룡, 『한국고고학개설』, 일지사, 1973.

김재선 외, 『동이전』, 서문문화사, 2000.

김재용 · 이종주, 『왜 우리 신화인가』, 동아시아, 1999.

김재원, 『단군신화의 신연구』, 탐구당, 1981.

김정배, 『한국고대의 국가기원과 형성』, 고려대학교출판부, 1986.
　　　　『한국고대사와 고고학』, 신서원, 2000.

김종서, 『부여 고구려 백제사 연구』, 한국학연구원, 2005.

김철수, 『일본 고대사와 한민족』, 상생출판, 2009.

김한종, 『역사왜곡과 우리 역사교육』, 책세상, 2007.

김향수, 『일본은 한국이더라』, 문학수첩, 1995.

동북아역사재단, 『고조선 · 단군 · 부여』, 동북아역사재단, 2004.

리지린, 『고조선 연구』, 열사람, 1989.

문정창, 『백제사』, 백문당, 1964.
　　　　『한국고대사』, 백문당, 1979.
　　　　『일본고대사』, 인간사, 1989.

박선식, 『한민족 대외정벌기』, 청년정신, 2000.

박성수, 『단군문화기행』, 서원, 2000.

박시인, 『알타이 人文研究』, 서울대학교출판부, 1970.

　　　『알타이神話』, 三中堂, 1980.

　　　『국사개정의 방향』, 주류, 1982.

박현, 『한국고대지성사산책』, 백산서당, 1995.

　　『한반도가 작아지게 된 역사적 사건 21가지』, 두산동아, 1997.

백산학회, 『韓民族의 形成과 發展』, 백산자료원, 1999.

복기대, 『요서지역의 청동기시대 문화연구』, 백산자료원, 2002.

사회과학연구원역사연구소, 『조선고대사』, 한마당, 1989.

사회과학원, 『평양일대 락랑무덤에 대한 연구』, 중심, 2001.

사회과학출판사, 『고조선 력사개관』, 중심, 2001.

서병국, 『동이족과 부여의 역사』, 혜안, 2001.

송기호, 『동아시아의 역사분쟁』, 솔, 2007.

송호정, 『단군, 만들어진 신화』, 산처럼, 2004.

　　　『한국 고대사 속의 고조선사』, 푸른역사, 2003.

안원전, 『통곡하는 민족혼』, 대원출판, 1996.

안창범, 『민족사상의 원류』, 교문사, 1988.

안호상, 『겨레 역사 6천년』, 기린원, 1992.

　　　『단군과 화랑의 역사와 철학』, 사림원, 1979.

　　　『배달·동이는 동아문화의 발상지』, 한뿌리, 1992.

유왕기, 『7만년 하늘민족의 역사』, 세일사, 1989.

윤내현, 『한국고대사』, 三光出版社, 1990.

　　　『우리 고대사—상상에서 현실로』, 지식산업사, 2003.

　　　『한국열국사연구』, 지식산업사, 1998.

윤무병, 『한국청동기문화연구』, 예경산업사, 1991.

윤용구 외, 『부여사와 그 주변』, 동북아역사재단, 2008.

윤이흠 외, 『단군 그 이해와 자료』, 서울대학교출판부, 2001.

윤종영, 『국사교과서 파동』, 혜안, 1999.

이강식, 『신시조직사』, 아세아문화사, 1993.

　　　　『한국고대조직사』, 교문사, 1988.

　　　　『한국고대조직사상사』, 아세아문화사, 1995.

이기백, 『한국고대사론』, 일조각, 1995.

이덕일, 『살아있는 한국사』, 휴머니스트, 2003.

　　　　『한국사 그들이 숨긴 진실』, 역사의 아침, 2009.

이덕일 · 김병기, 『고조선은 대륙의 지배자였다』, 역사의 아침, 2006.

이덕일 · 이희근, 『우리 역사의 수수께끼』, 김영사, 1999.

　　　　　　　　『한국고대사 그 의문과 진실』, 김영사, 2001.

이병도, 『수정판 한국고대사연구』, 박영사, 1985.

이병도 · 최태영, 『한국상고사입문』, 고려원, 1989.

이복규, 『부여 고구려 건국신화연구』, 집문당, 1998.

이상시, 『단군실사에 관한 문헌고증』, 가나출판사, 1987.

이성규 외, 『낙랑문화연구』, 동북아역사재단, 2007.

이유립, 『대배달민족사』, 고려가, 1986.

　　　　『커발한 문화사상』, 왕지사, 1976.

이정훈, 『발로 쓴 반동북공정』, 지식산업사, 2009.

이종욱, 『건국신화 한국사의1막1장』, 휴머니스트, 2004.

이형구, 『단군과 고조선』, 살림터, 1995.

　　　　『한국 고대 문화의 기원』, 까치, 1991.

이형구 · 이기환, 『코리안 루트를 찾아서』, 성안당, 2009.

임승국, 『史林』, 진영출판사, 1986.

정재승, 『바이칼, 한민족의 시원을 찾아서』, 정신세계사, 2003.

천관우, 『한국상고사의 쟁점』, 일조각, 1975.

최광렬, 『한민족사와 사상의 원류』, 사사연, 1987.

최인, 『한국의 재발견』, 국민출판사, 1970.

최재석, 『고대한일관계와 일본서기』, 일지사, 2001.

최종철, 『환웅 · 단군 9000년 비사』, 미래문화사, 1995.

최태영, 『한국상고사』, 유풍출판사, 2000.

　　　『한국고대사를 생각한다』, 눈빛, 2002.

한국고고학회 편, 『국가형성의 고고학』, 사회평론, 2008.

한국고대사연구회 편, 『고조선과 부여의 제문제』, 신서원, 1996.

한국사시민강좌 편집위원회, 『한국사시민강좌』 제1집~제29집, 일조각, 1987~2001.

한국정신문화연구원교학부연찬실, 『민족문화의 원류』, 한국정신문화연구원, 1980.

한배달, 『시원문화를 찾아서』, 컴네트, 1988.

한영우 · 이익주 · 윤영진 · 염정섭, 『행촌 이암의 생애와 사상』, 일지사, 2002.

홍윤기, 『일본 속의 한국 문화유적을 찾아서』, 서문당, 2002.

〈번역서〉

곽대순 · 장성덕 저, 김정열 역, 『동북문명과 유연문명』, 동북아역사재단, 2008.

손진기 저, 임동석 옮김, 『東北民族源流』, 1992.

와타나베 미츠토시 저, 채희상 옮김, 『일본천황도래사』, 지문사, 1995.

유 엠 부찐 저, 이항재 · 이병두 옮김, 『고조선』, 소나무, 1990.

유리 · 진성찬 저, 심재훈 옮김, 『중국 고대국가의 형성』, 학연문화사, 2006.

자오춘칭 · 친원성 저, 조영현 옮김, 『문명의 새벽1-원시시대』, 시공사, 2003.

존 카터 코벨 저, 김유경 편역, 『부여기마족과 왜』, 글을읽다, 2006.

村岡典嗣 저, 박규태 옮김, 『일본 신도사』, 예문서원, 1998.

하니하라 가즈로 저, 배기동 역, 『일본인의 기원』, 학연문화사, 1992.

사전, 자료집, 지도

국립문화재연구소, 『한국고고학사전』, 학연문화사, 2008.

『康熙字典』, 北京師范大學, 1997.

중화학술원 저, 『中文大辭典』, 경인문화사, 1994.

고구려연구재단, 『고조선 · 단군 · 부여 자료집』상 · 중 · 하, 고구려연구재단, 2005.

조선유적유물도감편찬위원회 편찬, 『조선유적유물도감2-고조선 · 부여 · 진국 편』,
동광출판사, 1990.

『中國歷代帝王錄』, 상해문화출판사, 1989.

譚其驤, 『中國歷史地圖集』, 中國地圖出版社, 1982.

郭沫若 主編, 『中國史稿地圖集』上 · 下, 中國地圖出版社, 1996.

遼寧省文物考古研究所, 『遼河文明展 文物集萃』, 遼寧省博物館, 2006.

한부귀, 한창건, 『韓民族의 文化遺産: 古朝鮮.扶餘.渤海』, 한국신문방송인클럽, 1995.

인터넷 사이트

국가기록유산 http://www.memorykorea.go.kr

국사편찬위원회 http://www.history.go.kr

북한문화재자료관 http://north.nricp.go.kr

한국학중앙연구원 http://yoksa.aks.ac.kr

참고 사료

부여는 우리 역사에서 고조선의 붕괴와 열국시대로 넘어가는 중간 고리역할을 한다.

그런데 **기존 국내와 중국 기록**은 앞뒤 시대의 내용이 명확하지 못하고 **부여사가 서로 얽혀 있어** 그 실체를 정확하게 파악하는데 한계가 있다. 문제의 핵심은 **북부여와 동부여, 서부여가 시기와 공간이 서로 다른데도 하나의 이야기로 묶여 있다**는데 있다. 북부여의 건국자인 해모수와 고구려의 고주몽이 시대가 180년 이상 차이가 나지만 부자 관계로 그려지고 있다든지, 동명왕과 고주몽이 다른 인물임에도 같은 인물로 기록된 것이 구체적인 예이다. 왜 이런 일이 일어나게 되었을까? 그것은 **북부여에서 고구려로 이어지는 중간역사 기록이 사라지고 핵심 내용만 전해진 것을 다시 기록하는 과정에서 착오를 많이 일으켰기 때문**이다. 그러나 오직 『환단고기』에 실린 「북부여기」가 아직 밝혀지지 않은 부여사의 전모를 명확하게 전해 주고 있다.

1. 국내사료

가. 국강상광개토경평안호태왕비國岡上廣開土境平安好太王碑
나. 삼국사기三國史記
    권 제13 고구려본기 제1 卷 第十三 高句麗本紀 第一

    권 제 23 백제본기 제1 卷 第二十三 百濟本紀 第一
다. 삼국유사三國遺事
    북부여北扶餘

    동부여東扶餘

    고구려高句麗

2. 중국사료

가. 논형論衡
    길험吉驗
나. 삼국지三國志
    권30 위서 동이전 부여전卷三十 魏書 東夷傳 夫餘傳
다. 후한서後漢書
    권85 동이열전 제 75 부여卷八十五　東夷列傳　第七十五　夫餘
라. 통전通典
    권805 부여전卷百八五 夫餘傳

1. 국내 사료

가. 「국강상광개토경평안호태왕비國岡上廣開土境平安好太王碑」

惟昔始祖鄒牟王之創基也에 出自北夫餘하시니 天帝之子시요, 母는 河伯女郞이라.

剖卵降世하시고, 生而有聖德이시니라. □□□□□命駕하사 巡車南下하실새, 路由夫餘奄利大水라가, 王이 臨津曰 我는 是皇天之子요, 母는 河伯女郞으로, 鄒牟王이니 爲我連葭浮龜하라. 應聲하야 卽爲連葭浮龜하니 然後에 造渡하시니라. 於沸流谷忽本西城山上에 而建都焉하시니라. 不樂世位하시니 天遣黃龍來下迎王하시니라. 王이 於忽本東岡에 履龍首昇天하실새 顧命世子儒留王하사 以道興治하시니라.

옛날 시조 추모왕께서 창업의 기틀을 다지셨는데, 북부여에서 유래한다. 왕께서는 천상 상제님의 아드님이시요, 어머니는 하백의 따님이시다. 알을 깨고 세상에 태어나 날 때부터 성스러운 덕이 있었다. □□□□□ 수레를 준비하라 명하여 남쪽으로 내려가다가 부여의 엄리대수를 지나게 되었다. 왕께서 나룻가에서 말씀하셨다. "나는 황천의 아들이며 하백의 따님을 어머니로 둔 추모왕이다. 나를 위하여 갈대를 엮고 거북이가 떠오르게 하라." 소리에 응하여 곧 갈대가 엮이고 거북이들이 물 위로 떠올랐다. 그 뒤 강을 건너가서 비류곡의 홀본 서쪽 산위에다 성을 쌓고 도읍을 세우셨다. 세속의 지위를 즐기지 않으시자, 천제께서 황룡을 보내니 그 황룡이 내려와서 왕을 맞이하였다. 왕께서 홀본의 동쪽 언덕에서 황룡의 머리를 밟고 하늘로 올라가면서, 세자인 유류왕에게 도로써 나라를 다스리라고 분부하셨다.

나. 『삼국사기三國史記』

「고구려본기高句麗本紀」
시조始祖 동명성왕東明聖王

始祖東明聖王의 姓은 高氏요 諱는 朱蒙이시라(一云鄒牟요 一云衆解라).
先是에 扶餘王解夫婁가 老無子시라 祭山川求嗣라가. 其所御馬가 至
鯤淵하야 見大石하고 相對流淚라. 王이 怪之하사 使人轉其石하야 有
小兒가 金色蛙形이라(蛙는 一作蝸라). 王이 喜曰 此乃天이 賚我令胤乎
인저! 乃收而養之하야 名曰金蛙라. 及其長하야 立爲太子하니라.

시조 동명성왕의 성은 고씨이고, 이름은 주몽(추모 혹은 중해라고도
한다)이다. 이보다 앞서 부여왕 해부루가 늙도록 아들이 없자, 산천에 제
사를 드려 아들 낳기를 기원하였다. 그가 탄 말이 곤연에 이르러 큰 돌을
보고 마주서서 눈물을 흘렸다. 왕이 이상하게 여기고 사람을 시켜 그 돌
을 굴려보니, 금빛 개구리(와蛙는 와蝸라고도 한다) 모양의 어린 아이가
있었다. 왕이 기뻐하며 말하기를 "이 아이가 바로 하늘이 나에게 주신
아들이구나!"하고 곧 거두어 기르며 금와라고 하였다. 그가 자라자 태자
로 삼았다.

後에 其相阿蘭弗이 曰 日者天降我 曰 將使吾子孫으로 立國於此하
리니 汝其避之하라. 東海之濱에 有地하니 號曰迦葉原이라. 土壤이 膏
腴하야 宜五穀하니 可都也라하나이다. 阿蘭弗이 遂勸王하야 移都於彼
하고 國號東扶餘라하다. 其舊都에 有人이 不知所從來라 自稱天帝子
解慕漱라하야 來都焉하다.

그 뒤 재상 아란불이 말했다. "일전에 천제께서 저에게 내려와 이런 말
씀을 하셨다. '장차 나의 자손으로 하여금 이곳에 나라를 세우고자 하

니, 너는 이곳을 피해 가라. 동쪽 바닷가에 가섭원이라고 하는 곳이 있는데, 땅이 기름져서 오곡을 기르기에 적합하니 도읍할 만한 곳이다.'" 아란불이 마침내 왕에게 권하여 그곳으로 도읍을 옮기고, 나라 이름을 동부여라고 하였다. 그 옛 도읍에는 어디서 왔는지 알 수 없는 사람이 스스로 천제의 아들 해모수라고 하면서, 그곳에다 도읍을 정하였다.

及解夫婁薨하사 金蛙가 嗣位하다. 於是時에 得女子於太白山南優渤水라 問之한대 曰 我是河伯之女니 名은 柳花라. 與諸弟 出遊러니 時에 有一男子가 自言天帝子解慕漱라 하여 誘我於熊心山下의 鴨綠邊室中하야 私之러니 卽往不返하고, 父母는 責我無媒而從人하여 遂謫居優渤水라하니라 金蛙가 異之하사 幽閉於室中하야 爲日所炤하야 引身避之호되 日影이 又逐而炤라. 因而有孕하야 生一卵하니 大如五升許라. 王이 棄之하사 與犬豕하시니 皆不食하고 又棄之路中하시니 牛馬가 避之하고 後棄之野하니 鳥覆翼之하더라. 王이 欲剖之나 不能破하여 遂還其母하니라. 其母가 以物로 裹之하야 置於暖處하니 有一男兒가 破殼而出하니 骨表英奇라. 年甫七歲에 嶷然異常하고. 自作弓矢하야 射之하니 百發百中이라. 扶餘俗語에 善射를 爲朱蒙이라. 故로 以名云이라.

해부루가 죽자, 금와가 왕위를 계승했다. 이 때, 금와가 태백산 남쪽 우발수에서 한 여자를 만나 내력을 물으니, 그녀가 대답했다. "저는 하백의 딸이고, 이름은 유화입니다. 여러 동생들과 함께 나와 노는데, 때마침 한 남자가 스스로 천제의 아들 해모수라 하면서 나를 웅심산 아래 압록강 가에 있는 집으로 유인하여 은밀히 정을 통하고 가더니 돌아오지 않았습니다. 부모님은 제가 중매도 없이 다른 남자를 따른 것을 꾸짖고, 마침내 우발수로 귀양을 보냈습니다." 금와가 이상하게 여겨 그녀를 방에 가두었다. 햇빛이 그녀를 비추는지라, 그녀가 몸을 피하면 햇빛이 또한 그녀를 따라가면서 비추었다. 이로 인하여 태기가 있어 큰 알을 낳았는데, 닷 되 정도 되었다. 왕이 알을 버려 개와 돼지에게 주었으나 모두 먹지 않았고, 다시 길 가운데 버렸더니 소와 말이 피하고 밟지 않았으며, 나중에는 들에 버렸으나 새가 날개로 덮어 주었다. 왕이 알을 쪼개려 했으나 깨뜨릴 수가 없어 마침내 그 어머니에게 돌려주었다. 그 어머니가 알을 감싸서 따뜻한 곳에 두었더니, 한 사내아이가 껍질을 깨고 나왔다. 골격과 외모가 뛰어나고 기이하였다. 나이 겨우 일곱 살에 보통 아이들과 크게 달랐다. 스스로 활과 화살을 만들어 쏘았는데, 백발백중이었다. 부여 속담에 활을 잘 쏘는 사람을 '주몽'이라 하였기 때문에 이로써 이름을 지었다고 한다.

金蛙有七子하사 常與朱蒙으로 遊戲에 其伎能이 皆不及朱蒙하니 其長子帶素가 言於王曰 朱蒙은 非人所生이요 其爲人也勇하니 若不早圖면 恐有後患이라 請除之하소서. 王이 不聽하시고 使之養馬하신데 朱蒙이 知其駿者하야 而減食令瘦하고 駑者는 善養令肥하니 王이 以肥者로 自乘하시고 瘦者는 給朱蒙하시다. 後獵于野에 以朱蒙이 善射라하야 與其矢小나 而朱蒙이 殪獸甚多라. 王子及諸臣이 又謀殺之하니 朱蒙母가 陰知之하고 告曰 國人이 將害汝하리니 以汝才略으로 何往而不可리오 與其遲留하야 而受辱으론 不若遠適하야 以有爲니라.

금와에게는 일곱 명의 아들이 있어 항상 주몽과 함께 놀았는데, 그들의 재주가 모두 주몽에게 미치지 못하였다. 맏아들 대소가 왕에게 말했다. "주몽은 사람이 낳지 않았고 그 사람됨이 용맹하니, 만일 일찌감치 대책을 세우지 않는다면 후환이 있을까 두려우니, 청컨대 그를 없애버리소서." 그러나 왕이 그 말을 듣지 않고, 주몽에게 말을 기르게 하였다. 주몽이 날랜 말을 알아보고 먹이를 적게 주어 여위게 하고, 노둔한 말은 잘 먹여 살찌게 하였다. 왕은 살찐 말은 자기가 타고, 여윈 말은 주몽에게 주었다. 훗날 들에서 사냥을 하는데, 주몽은 활을 잘 쏜다 하여 화살을 적게 주었는데도 주몽이 잡은 짐승이 훨씬 많았다. 왕자와 여러 신하들이 다시 주몽을 죽이려고 도모하였다. 주몽의 어머니가 은밀히 알아내고 주몽에게 말했다. "나라 사람들이 장차 너를 해치려 하니, 너의 재능과 지략으로 어디에 간들 살지 못하겠는가? 여기에서 머뭇거리다가 치욕을 받기 보다는 차라리 멀리 가서 큰 일을 도모하는 것이 좋을 것이다."

朱蒙이 乃與烏伊·摩離·陜父等三人으로 爲友하야 行至淹㴲水하
야(一名盖斯水이니 在今鴨綠東北이니라) 欲渡無梁이라 恐爲追兵所迫하야 告
水曰 我는是天帝의 子요 河伯의 外孫이니라. 今日逃走에 追者垂及하
니 如何오? 於是에 魚鼈이 浮出成橋하야 朱蒙이 得渡하니 魚鼈이 乃
解하야 追騎不得渡어라.

이에 주몽은 오이·마리·협보 등 세 사람과 벗이 되어, 엄사수(개사수라고도 하는데, 현재의 압록강 동북방에 있다)에 이르렀다. 강을 건너려고 했으나 다리가 없었다. 추격해 오는 군사들에게 붙잡힐까 두려워 주몽이 강물을 향해 말했다. "나는 천제의 아들이요, 하백의 외손이다. 오늘 도망을 하는 길인데, 뒤쫓는 자들이 가까이 다가오니 어찌하면 좋겠는가?" 이 때, 물고기와 자라가 물 위로 떠올라 다리를 만들어 주었다. 주몽이 강을 건너자 물고기와 자라가 흩어졌으므로 뒤쫓던 기병들은 강을 건너지 못하였다.

朱蒙이 行至毛屯谷하야(魏書에 云 至普述水이라) 遇三人하니 其一人은 着麻衣하고 一人은 着衲衣하며 一人은 着水藻衣라. 朱蒙이 問曰 子等은 何許人也며 何姓何名乎아? 麻衣者曰 名은 再思요 衲衣者曰 名은 武骨이요 水藻衣者曰 名은 默居라 하며 而不言姓하니 朱蒙이 賜再思姓克氏요 武骨은 仲室氏요 默居는 少室氏하고 乃告於衆曰 我方承景命하야 欲啓元基러니 而適遇此三賢하니 豈非天賜乎아?

주몽이 모둔곡(「위서」에는 '보술수에 이르렀다'고 기록되어 있다)에 이르러 세 사람을 만났다. 한 사람은 삼베옷을 입었고, 한 사람은 장삼을 입었고, 한 사람은 물풀옷을 입고 있었다. 주몽이 묻기를 "그대들은 어떤 사람들이며, 성과 이름이 무엇인가?" 하니, 삼베옷을 입은 사람은 이름이 재사라 하고, 장삼을 입은 사람은 무골이라 하고, 물풀옷을 입은 사람은 묵거라 하면서 성은 말하지 않았다. 주몽은 재사에게 극씨, 무골에게 중실씨, 묵거에게 소실씨라는 성을 지어 주고는 여러 사람들에게 말했다. "내가 바야흐로 하늘의 명을 받아 나라의 기틀을 세우려고 하는데, 때마침 세 분의 어진 인물을 만났으니, 어찌 하늘이 내려주신 사람이 아니겠는가?"

遂揆其能하야 各任以事하고 與之俱至卒本川하야(魏書에 云 至紇升骨城이라) 觀其土壤肥美하고 山河險固하야 遂欲都焉하야 而未遑作宮室이라 但結廬於沸流水上하야 居之하고 國號를 高句麗라하고 因以高爲氏하다(一云朱蒙이 至卒本扶餘러니 王이 無子하사 見朱蒙이 知非常人하시고 以其女로 妻之하다. 王이 薨하시니 朱蒙嗣位하다.).

주몽은 드디어 그들의 재능을 헤아려 각각 일을 맡기고, 그들과 함께 **졸본천**(「위서」에는 '흘승골성에 이르렀다'고 기록되어 있다)에 이르렀다. 토지가 비옥하고 산하가 준험한 것을 보고, 마침내 그곳에 도읍으로 정하려 하다가 미처 궁실을 지을 겨를이 없어 단지 **비류수** 가에 초막을 엮고 살았다. **국호를 고구려**라 하고, 이로 말미암아 고를 성씨로 삼았다 **(주몽이 졸본 부여에 이르렀을 때, 그 곳 왕에게 아들이 없었는데, 주몽이 보통 사람이 아님을 알고, 그의 딸을 아내로 삼게 하였으며, 왕이 승하하자 주몽이 왕위를 이었다고 한다).**

「백제본기百濟本紀」
시조始祖 온조왕溫祚王

百濟始祖는 溫祚王이요 其父는 鄒牟니 或云朱蒙이라 하다. 自北扶餘로 逃難하사 至卒本扶餘하시다. 扶餘王은 無子라 只有三女子이어시늘 見朱蒙하사 知非常人하시고 以第二女로 妻之하시다. 未幾에 扶餘王이 薨하시니 朱蒙이 嗣位하다. 生二子하시니 長日沸流요 次日溫祚라(或云 朱蒙到卒本하야 娶越郡女하야 生二子하다).

백제의 시조는 온조 왕이요 그의 아버지는 추모이니 혹자는 주몽이라고도 한다. 주몽은 북부여로부터 난을 피하여 졸본 부여에 이르렀다. 부여 왕은 아들이 없고 딸만 셋이 있었는데, 주몽을 보고서 보통 사람이 아님을 알고 둘째딸을 시집보냈다. 얼마되지 않아 부여왕이 승하하자 주몽이 뒤를 이었다. 주몽은 아들 둘을 낳았는데, 맏아들은 비류라 하고 둘째 아들은 온조라고 한다(혹자는 '주몽이 졸본에서 월군 여자를 취하여 두 아들을 낳았다' 고도 한다).

及朱蒙이 在北扶餘所生子를 來爲太子하시니 沸流와 溫祚가 恐爲太子所不容하야 遂與烏干馬黎等十臣으로 南行하니 百姓從之者多이라. 遂至漢山하야 登負兒嶽하야 望可居之地라가 沸流가 欲居於海濱하니 十臣이 諫曰 惟此河南之地는 北帶漢水하고 東據高岳하고 南望沃澤하고 西阻大海하니 其天險地利는 難得之勢이니 作都於斯가 不亦宜乎아? 沸流가 不聽하고 分其民하야 歸彌鄒忽하야 以居之하다. 溫祚는 都河南慰禮城하고 以十臣으로 爲輔翼하야 國號를 十濟라하다 是는 前漢成帝鴻嘉三年也라.

주몽이 북부여에서 낳은 아들이 오자 태자로 삼으니, 비류와 온조는 태자에게 받아들여지지 않을까 두려워하여, 마침내 오간·마려 등 열 명의 신하와 함께 남쪽으로 떠나가니, 백성 가운데 그들을 따르는 자가 많았다. 마침내 한산에 이르러 부아악에 올라가 살 만한 곳을 찾았다. 비류가 머물기를 원하니, 열 명의 신하가 간하여 말했다.

"이 하남의 땅은 북쪽으로는 한수가 흐르고, 동쪽으로는 높은 산이 있으며, 남쪽으로는 비옥한 들이 바라보이고, 서쪽은 큰 바다로 가로막혀 있습니다. 이러한 천험의 요새와 지리는 다시 얻기 어렵습니다. 이곳에 도읍을 정하는 것이 좋지 않겠습니까?"

그러나 비류는 듣지 않고 백성들을 나누어 미추홀로 가서 터를 잡았다. 온조는 **하남 위례성**에 도읍을 정하고, 열 명의 신하를 보필로 삼고, 국호를 십제라고 하였다. 이 때가 전한 성제 홍가 3년(BCE 18)이었다.

沸流는 以彌鄒가 土濕水鹹으로 不得安居하야 歸見慰禮라가 都邑이 鼎定하고 人民이 安泰하야 遂慙悔而死하니 其臣民이 皆歸於慰禮하다. 後에 以來時百姓이 樂從하니 改號百濟하다. 其世系는 與高句麗으로 同出扶餘라. 故로 以扶餘로 爲氏하다.

비류는 미추홀의 토지가 습기가 많고, 물에 소금기가 있어 편히 살 수가 없다고 하여 위례로 돌아왔다. 도읍이 안정되고 백성들이 태평한 것을 보고는 부끄러워하며 후회하다가 죽었다. 그의 신하와 백성들이 모두 위례로 돌아왔다. 그 뒤 줄곧 백성들이 즐거이 따랐으므로 **국호를 백제로** 바꾸었다. 그의 조상은 고구려와 함께 부여에서 나왔기 때문에 부여를 성으로 삼았다.

一云 始祖는 沸流王이라. 其父는 優台니 北扶餘王解扶婁의 庶孫이요 母는 召西奴니 卒本人延陁勃之女라. 始歸于優台하야 生子二人하니 長曰沸流요 次曰溫祚라. 優台가 死하시니 寡居于卒本하다. 後에 朱蒙이 不容於扶餘하야 以前漢建昭二年春二月에 南奔至卒本하야 立都號高句麗하고 娶召西하사 奴爲妃하시다. 其於開基創業에 頗有內助故로 朱蒙이 寵接之特厚하고 待沸流等如己子시다. 及朱蒙이 在扶餘所生禮氏子孺留가 來하니 立之爲太子하사 以至嗣位焉하시다.

일설에 따르면 이렇다. 시조는 비류 왕이다. 아버지는 우태이니, 북부여 왕 해부루의 서손이었다. 어머니는 소서노로서, 졸본 사람 연타발의 딸이다. 처음에 우태에게 시집가서 두 아들을 낳으니, 첫째는 비류이고 둘째는 온조이다. 우태가 죽자 졸본에서 혼자 살았다. 그 뒤 주몽이 부여에서 받아들여지지 않자, 전한 건소 2년(BCE 37) 봄 2월에 남쪽으로 도망하여 졸본에 이르러 도읍을 정하고, 고구려라 하고는 소서노에게 장가들어 그녀를 왕비로 삼았다. 주몽이 나라의 기틀을 여는데 소서노의 내조가 매우 컸으므로, 주몽은 소서노를 극진히 사랑했고, 비류 등을 자신의 자식과 같이 대하였다. 주몽이 부여에서 낳았던 예씨의 아들 유류가 오자 그를 태자로 삼았다. 그 뒤 주몽의 뒤를 잇게 하였다.

於是에 沸流가 謂弟溫祚曰 始에 大王이 避扶餘之難하사 逃歸至此하실새 我母氏가 傾家財하사 助成邦業하시니 其勤勞가 多矣라. 及大王이 厭世하시니 國家가 屬於孺留라. 吾等이 徒在此에 鬱鬱如疣贅는 不如奉母氏하야 南遊卜地하야 別立國都이라. 遂與弟로 率黨類하야 渡浿帶二水하고 至彌鄒忽하야 以居之하다(北史及隋書에 皆云 東明之後에 有仇台가 篤於仁信하신대 初에 立國于帶方故地하시니 漢遼東太守公孫度이 以女로 妻之하야 遂爲東夷强國이라 하나 未知孰是라).

이 때 비류가 아우 온조에게 말하였다. "처음 대왕께서 부여의 난을 피하여 이곳으로 도망하여 왔을 때, 어머니가 가산을 털어 나라의 기틀을 세움에 도움을 주었으니, 어머니의 조력과 공로가 많았다. 그러나 대왕께서 돌아가시자, 나라가 유류에게 돌아갔다. 우리가 공연히 여기에 있으면서 쓸모없는 사람같이 답답하고 우울하게 지내는 것보다는, 차라리 어머니를 모시고 남쪽으로 가서 살 곳을 선택하여 따로 도읍을 세우는 것이 좋겠다." 마침내 아우와 함께 무리를 이끌고 패수와 대수를 건너 미추홀에 와서 살았다(『북사』와 『수서』에는 모두 이렇게 말한다. "동명의 후손 중에 구태라는 사람이 있었는데, 사람이 어질고 신의가 있었다. 그가 처음으로 대방 옛 땅에 나라를 세웠는데, 한나라 요동 태수 공손탁이 자기의 딸을 구태에게 시집보냈고, 그들은 마침내 동이의 강국이 되었다." 어느 주장이 옳은지 알 수 없다).

다. 『삼국유사』

북부여北扶餘

古記에 云 前漢(書:연문으로 봄)宣帝神爵三年壬戌四月八日에 天帝
가 降于訖升骨城(在大遼醫州界)하사 乘五龍車하시며 立都稱王하시고
國號北扶餘하시며 自稱名解慕漱하시니라. 生子하사 名을 扶婁라 하시
고 以解로 爲氏焉하시니라. 王이 後因上帝之命하사 移都于東扶餘하시
니라. 東明帝가 繼北扶餘而興하사 立都于卒本州하시니 爲卒本扶餘
요 卽高句麗之始니라."

고기古記에 말하길 "전한 선제 신작3년 임술 4월 8일, 천제께서 **흘승
골성(대요와 의주 경계에 있다)**에 내려오시어 다섯 마리의 용이 모는 수
레를 타고 도읍을 세워 왕을 일컫고 **국호를 북부여**라 하시며 스스로 이
름을 해모수라 하셨다. 아들을 낳아 이름을 부루라 지으시고, 해로 성을
삼으셨다. 왕은 뒤에 **상제님의 명령에 따라 도읍을 동부여로 옮기셨다.**
동명제가 북부여를 계승하여 일어나서 졸본에 도읍을 정하시니 졸본 부
여로 곧 고구려의 시작이다."

동부여東扶餘

北扶餘王 解夫婁之相 阿蘭弗이 夢天帝降而謂曰 將使吾子孫으로
立國於此하리니 汝其避之(謂東明將興之兆也)하라. 東海之濱에 有地하
니 名迦葉原하니 土壤이 膏腴하야 宜立王都라 하니이다. 阿蘭弗이 勸

王하야 移都於彼하고 國號를 東扶餘라하다. 夫妻老無子시라 一日에
祭山川求嗣라가 所乘馬가 至鯤淵하야 見大石하고 相對淚流어늘 王이
怪之하사 使人으로 轉其石하니 有小兒가 金色蛙形이라. 王이 喜曰 此
乃天이 賚我令胤乎인저 乃收而養之하시니 名曰金蛙라 及其長하야
爲太子하다. 夫妻가 薨하시니 金蛙가 嗣位爲王하다. 次傳位于太子帶
素하니 至地皇三年壬午에 高麗王無恤이 伐之하야 殺王帶素하고 國
除하다.

북부여 왕인 해부루의 재상 아란불이 꿈을 꾸었는데, 천제가 내려와서
말했다. "장차 나의 자손으로 하여금 이곳에 나라를 세우게 하리니, 너
희는 이곳을 피해 가도록 하라(이것은 동명왕이 장차 일어날 조짐을 말
함이다). 동쪽 바닷가에 가섭원이라는 곳이 있는데 땅이 기름지니 왕도
를 세울 만한 곳이니라." 아란불은 해부루 왕에게 권하여 도읍을 가섭원
으로 옮기고, 국호를 동부여라 했다.

해부루 왕은 늙도록 자식이 없었는데, 하루는 산천에 제사를 지내어
후사를 구했다. 타고 가던 말이 곤연에 이르러 큰 돌을 보고는 마주서서
눈물을 흘렸다. 부루 왕이 이상하게 여기고 사람을 시켜 그 돌을 들추어
보니 금빛 개구리 모양을 한 어린애가 있었다. 왕이 기뻐 말했다. "이는
필경 하늘이 내게 아들을 내려 주심이로다." 그 아이를 거두어 기르면서
금와라고 불렀다. 성장하자 태자로 삼았다. 부루 왕이 죽자 금와가 자리
를 이어 왕이 되었다. 그리고 다음의 자리를 태자 대소에게 전했다. 지
황 3년 임오에 고구려 왕 무휼이 쳐들어와 대소 왕을 죽이자 동부여국이
없어졌다.

고구려高句麗

高句麗는 卽卒本扶餘也니 或云 今和州라 하고 又成州等이라 하나 皆 誤矣라. 卒本州는 在遼東界라. 國史·高麗本記에 云 始祖東明聖 帝의 姓은 高氏요 諱는 朱蒙이시라. 先是에 北扶餘王 解夫婁가 旣避 地于東扶餘러니. 及夫婁薨하사 金蛙가 嗣位하다. 于時에 得一女子 於太伯山南優渤水하야 問之하니 云 我是河伯之女로 名柳花라 與諸 弟로 出遊라가 時에 有一男子가 自言天帝子解慕漱라 하야 誘我於熊 神山下의 鴨淥邊室中하야 私之하고 而往不返하니 父母가 責我無媒 而從人이라하야 遂謫居于此라 하거늘(壇君記에 云 君이 與西河河伯之女로 要親 有産子하니 名曰夫婁라 하다 今按此記하면 則解慕漱가 私河伯之女而後에 産朱 蒙이라. 壇君記에 云 産子하야 名曰夫婁라 하니 夫婁與朱蒙은 異母兄弟也라)

고구려는 곧 졸본 부여이다. 혹자는 지금의 화주 또는 성주 등이라고 하지만, 이는 모두 잘못이다. 졸본주는 요동 경계에 있었다.

『국사』 고려본기에 말했다. 시조 동명성제의 성은 고씨요, 이름은 주 몽이다. 이보다 앞서 북부여의 왕 해부루가 이미 동부여로 피해 갔고, 부루가 죽자 금와가 왕위를 이었다. 이 때 금와는 태백산 남쪽 우발수에 서 한 여자를 만나서 물으니, 그 여자가 말했다. "저는 하백의 딸로서 이 름은 유화라고 합니다. 동생들과 함께 밖으로 나와서 노는데, 한 남자가 오더니 자신이 천제의 아들 해모수라고 하면서 저를 웅신산 밑 압록강 가의 집에 유인하여 은밀히 정을 통하고 가더니 돌아오지 않았습니다. 부모님은 제가 중매도 없이 혼인한 것을 꾸짖고 드디어 여기에 귀양을 보냈습니다." (『단군기』에는 "단군이 서하의 하백의 딸과 친하여 아들을 낳아서 부루라고 했다."고 했다. 지금 이 기록에 따르면 해모수가 하백 의 딸과 은밀히 정을 통해서 주몽을 낳은 것이다. 『단군기』에는, "아들을 낳아 이름을 부루라고 했다"라고 하니, 부루와 주몽은 배 다른 형제일 것이다.)

金蛙가 異之하사 幽閉於室中하야 爲日光所照하야 引身避之하면 日影이 又逐而照之라 因而有孕하야 生一卵하니 大五升許하사 王이 弃之하사 與犬猪하시니 皆不食하고 又弃之路하시니 牛馬가 避之하고 弃之野하시니 鳥獸覆之하더라. 王이 欲剖之호대 而不能破라 乃還其母하시니 母가 以物로 裹之하야 置於暖處하니 有一兒가 破殼而出야 骨表英奇라. 年甫七歲에 岐嶷異常하고 自作弓矢하야 百發百中이라. 國俗에 謂善射를 爲朱蒙이라 故로 以名焉하니라.

금와가 이상히 여겨 방 속에 가두어 두었더니 햇빛이 방 안으로 비쳐 오는데, 그녀가 몸을 피하면 햇빛이 쫓아와서 비쳤다. 이로 해서 임신을 하여 알 하나를 낳으니, 크기가 닷 되쯤 되었다. 왕은 그것을 버려서 개와 돼지에게 주게 했으나 모두 먹지 않았다. 다시 길에 내다 버렸더니 소와 말이 그 알을 피해서 가고, 들에 내다 버리니 새와 짐승들이 알을 덮어 주었다. 왕이 알을 쪼개 보려고 했으나 아무리 해도 쪼개지지 않아 그 어미에게 돌려주었다. 어미가 이 알을 천으로 싸서 따뜻한 곳에 놓아두었더니 한 아이가 껍질을 깨고 나왔는데, 골격과 외모가 영특하고 기이했다. 나이 겨우 일곱 살에 기골이 뛰어나서 범인과 달랐다. 스스로 활과 화살을 만들어 쏘는데 백 번 쏘면 백 번 다 맞혔다. 나라 풍속에 활 잘 쏘는 사람을 주몽이라고 하므로 주몽이라 불렸다.

金蛙有七子하사 常與朱蒙으로 遊戱에 技能莫及하니 長子帶素가 言於王曰 朱蒙은 非人所生이요 若不早圖면 恐有後患이로소이다. 王이 不聽하시고 使之養馬하신대 朱蒙이 知其駿者하야 減食令瘦하고 駑者는

善養令肥하니 王이 自乘肥하고 瘦者는 給蒙하시다. 王之諸子與諸臣이 將謀害之하니 蒙母知之하고 告曰 國人이 將害汝하리니 以汝才略으로 何往인들 不可리오? 宜速圖之하라.

금와에게는 아들 일곱이 있는데 항상 주몽과 함께 놀았으니 재주가 주몽을 따르지 못했다. 맏아들 대소가 왕에게 말했다. "주몽은 사람이 낳은 자식이 아닙니다. 만일 일찍 없애지 않는다면 후환이 있을까 두렵습니다." 왕이 그 말을 듣지 않고 주몽을 시켜 말을 기르게 하니 주몽은 날랜 말을 알아보아 적게 먹여서 여위게 기르고, 노둔한 말을 잘 먹여서 살찌게 했다. 이에 왕은 살찐 말은 자기가 타고 여윈 말은 주몽에게 주었다.

왕의 여러 아들과 신하들이 주몽을 장차 죽일 계획을 하니 주몽의 어머니가 이 기미를 알고 말했다. "지금 나라 안 사람들이 너를 해치려고 하는데, 네 재주와 지략을 가지고 어디에 간들 못 살겠느냐. 빨리 이곳을 떠나도록 해라."

於時에 蒙이 與烏伊等三人으로 爲友하야 行至淹水(今未詳)하야 告水曰 我는 是天帝의 子요 河伯의 孫이니 今日逃遁에 追者垂及하니 奈何오? 於是에 魚鼈이 成橋하야 得渡而橋解하니 追騎不得渡러라. 至卒本州(玄菟郡之界) 遂都焉하야 未遑作宮室이라 但結廬於沸流水上하야 居之하고 國號를 高句麗라 하고 因以高爲氏하다(本姓은 解也라. 今自言是天帝子承日光하야 而生하니 故로 自以高爲氏하다). 時年十二歲라 漢孝元帝建昭二年甲申歲에 卽位稱王하시다. 高麗全盛之日에 二十一萬五百八戶라.

이에 주몽은 오이 등 세 사람을 벗으로 삼아 엄수에 이르러 물을 보고 말했다. "나는 천제의 아들이요, 하백의 손자이다. 오늘 도망해 가는데 뒤쫓는 자들이 따라오고 있으니, 어찌하면 좋겠는가." 이에 물고기와 자라가 다리를 만들어 주어 건너게 하고, 모두 건너자 풀어 버려 뒤쫓아 오던 기병은 건너지 못했다. 졸본주에 이르러 도읍을 정했다. 미처 궁실을 세울 겨를이 없어서 비류수 위에 집을 짓고 살면서 국호를 고구려라 하고, 고로 성을 삼았다(본성은 해였다. 그러나 지금 천제의 아들이 햇빛을 받아 탄생했다 하여 스스로 고로 성을 삼은 것이다). 이 때 나이 12세로서, 한나라 효원제 건소 2년 갑신에 즉위하여 왕이라 일컬었다. 고구려가 제일 융성하던 때는 21만 508호나 되었다.

珠琳傳 第二十一卷에 載호대 昔에 寧稟離王의 侍婢가 有娠한대 相者가 占之曰 貴而當王호리라. 王曰 非我之胤也이니 當殺之하라. 婢曰 氣從天來하니 故로 我有娠이니이다. 及子之産에 謂爲不祥하야 捐圈則猪噓하고 棄欄則馬乳하야 而得不死하니라. 卒爲扶餘之王이라(卽東明帝는 爲卒本扶餘王之謂也라. 此卒本扶餘가 亦是北扶餘之別都니 故로 云 扶餘王也라. 寧稟離는 乃夫婁王之異稱也라).

『주림전』 제21권에 이렇게 실려 있다. "옛날 영품리 왕의 시비가 임신했는데, 관상가가 점을 쳐 말했다. '귀하게 되어 왕이 될 것입니다.' 왕이 말했다. '내 아들이 아니니 마땅히 죽여야 한다.' 시비侍婢가 말했다. '기운이 하늘로부터 내려와서 제가 임신한 것입니다.' 드디어 아이를 낳자 왕은 상서롭지 못한 일이라 하여 돼지우리에 내다 버렸으나 돼지가 입김을 불어 보호해 주고, 마구간에 내다 버렸으나 말이 젖을 먹여서 죽지 않게 해 주었다. 마침내 부여의 왕이 되었다."(이것은 동명제가 졸본 부여의 왕이 된 것을 말한 것이다. 이 졸본 부여는 북부여의 다른 도읍이다. 때문에 부여 왕이라 이른 것이다. 영품리는 부루 왕의 다른 칭호이다.)

2. 중국 사료

가. 『논형論衡』

「길험吉驗」

北夷橐離國王의 侍婢가 有娠이어늘 王이 欲殺之러시니 婢對曰 有氣
如鷄子가 從天而下하야 我故有娠이니이다. 後에 産子하야 捐於猪溷
中하니 猪가 以口氣로 噓之하야 不死하고 復徙置馬欄中하야 欲使馬
藉借殺之나 馬가 復以口氣로 噓之하야 不死하다.

북이 탁리국 왕의 시녀가 임신을 하였다. 왕이 죽이려고 하자, 시녀는
"달걀만 한 기운이 하늘에서 내려와 임신하게 되었습니다."라고 대답했
다. 뒤에 아이를 낳자 돼지우리에 버렸으나 돼지가 입김을 불어넣어 죽
지 않았다. 다시 마구간에 옮겨 놓아 말에 밟혀 죽게 하였으나 말들 역시
입김을 불어넣어 죽지 않았다.

王이 疑以爲天子하사 令其母로 收取奴畜之하고 名曰 東明이라 令牧
牛馬하다. 東明이 善射하니 王이 恐奪其國也에 欲殺之러시라. 東明이
走南至掩水하야 以弓擊水하니 魚鱉이 浮爲橋하야 東明이 得度하니 魚
鱉이 解散하야 追兵不得渡러라. 因都王夫餘하니 故로 北夷에 有夫餘
國焉이라.

왕이 천제의 자식일지도 모른다고 여겨 그의 어미에게 노비처럼 키우

게 하였고, 동명이라 이름 짓고 소나 말을 기르도록 하였다. 동명이 활을 잘 쏘자, 왕이 그에게 나라를 뺏길까 두려워 죽이려고 하였다. 동명이 남쪽으로 달아나다가 엄체수에 이르러, 활로 물을 치자 물고기와 자라가 떠올라 다리를 만들어 주어 동명은 건널 수 있었지만, 물고기와 자라가 흩어져 쫓아오던 병사들은 건널 수 없었다. 그는 부여에 도읍하여 왕이 되었다. 이것이 북이에 부여국이 생기게 된 연유다.

東明之母가 初任時에 見氣從天下러라. 及生에 棄之나 豬馬가 以氣로 吁之하야 而生之라. 長大에 王이 欲殺之러시나 以弓으로 擊水하니 魚鱉이 爲橋라. 天命不當死하니 故로 有豬馬之救라. 命當都王夫餘이니 故로 有魚鱉爲橋之助也라.

동명의 어머니가 막 임신 하였을 때 하늘에서 내려온 기를 보았다. 낳은 뒤 그를 버렸지만, 돼지와 말이 입김을 불어넣어 살렸다. 자란 뒤에 왕이 그를 죽이려 하였지만, 활로 강물을 치니 물고기와 자라가 다리를 만들어 주었다. 죽지 않을 운명을 타고 났기에 돼지와 말이 구해 준 것이다. 부여에 도읍하여 왕이 될 운명을 타고 났기에 물고기와 자라가 다리를 만들어 도와준 것이다.

나. 『삼국지三國志』

「위서 동이전魏書 東夷傳」
부여전夫餘傳

夫餘는 在長城之北하고 去玄菟千里니 南與高句麗와 東與挹婁와 西與鮮卑接하고 北有弱水하니 方可二千里라 戶는 八萬이오 其民은 土著이라. 有宮室倉庫牢獄하고 多山陵廣澤이니 於東夷之域에 最平敞이라. 土地宜五穀이나 不生五果라. 其人은 麤大오 性彊勇謹厚하야 不寇鈔라 國有君王하니 皆以六畜으로 名官하니 有馬加·牛加·猪加·狗加·大使·大使者·使者러라. 邑落에 有豪民하니 名下戶는 皆爲奴僕이라. 諸加마다 別主四出道호대 大者는 主數千家오 小者는 數百家라 食飮에 皆用俎豆하고 會同에 拜爵洗爵하며 揖讓升降하며 以殷正月로 祭天하고 國中大會에 連日飮食歌舞하니 名曰迎鼓라 於是時에 斷刑獄하고 解囚徒라.

부여는 장성의 북쪽에 있으며, 현도에서 천 리나 떨어져 있으며, 남쪽으로 고구려, 동쪽으로 읍루가 있으며, 서쪽으로 선비와 인접하여 있고, 북쪽으로 약수가 있는데, 그 범위는 바야흐로 2천 리쯤 된다. 호구수는 8만으로 그 백성은 토착민이고, 궁실과 창고와 감옥이 있다. 산과 구릉이 많고, 연못이 광활하며 동이 지역 중에 가장 평평하다. 토지는 오곡을 심기에 적당하지만 오과는 잘 자라지 않는다. 그곳 사람들은 과격하고 키가 크다. 그 성품은 강인하고 용맹하지만, 삼가고 후덕하여 도둑질하지 않는다. 나라에 군왕이 있고, 모두 여섯 종류의 가축 이름으로 관직을 부르는데, 마가·우가·저가·구가·대사·대사자·사자가 있다. 읍락에는 호민이 있는데, 신분이 천한 사람들을 모두 노비와 종으로 삼았다. 제가諸加들은 각각 사방을 나누어 다스리는데, 큰 가加는 수천 가구를 다스리고, 작은 가加는 수백 가구를 다스린다. 음식을 먹을 때는 모두 조두俎豆를 사용하고, 여럿이 모이는 때에는 **서로 절하면서 잔을 권하고 잔을 씻어 권하며**, 서로 읍양하면서 오르내린다. 은정월(殷正月, 음력 12월)에 하늘에 제사를 지내는데, 나라의 성대한 모임에는 날마다 먹고 마시며 노래하고 춤추는데, 이를 영고迎鼓라 한다. 이 때에는 형벌을 멈추고 감옥을 열어 죄인들을 풀어 준다.

在國에 衣尚白하야 白衣는 大袂요 袍·袴와 履革鞜이라. 出國엔 則尚繒繡錦罽하고 大人은 加狐狸狖白黑貂之裘하며 以金銀으로 飾帽러라. 譯人傳辭는 皆跪하고 手據地하고 竊語니라. 用刑嚴急하야 殺人者는 死하고 沒其家人하야 爲奴婢하다. 竊盜는 一責十二하고 男女淫과 婦人妬는 皆殺之로대 尤憎妬하야 已殺하고 尸之國南山上하야 至腐爛이로되 女家가 欲得이면 輸牛馬라야 乃與之라. 兄死妻嫂는 與匈奴으로 同俗이라.

나라에서 흰옷을 숭상하여 흰색 포목으로 만든 통이 넓은 소매의 도포와 바지를 입고, 가죽 신발을 신는다. 외국으로 나갈 때는 비단에 무늬를 넣은 옷 입기를 숭상하고, 대인은 여우나 살쾡이 털로 만든 옷, 검은 원숭이나 흰 원숭이 털로 만든 옷, 검은 담비의 갖옷을 입고, 금은으로 장식한 모자를 쓴다. 통역하는 사람이 말을 전할 때는 모두 꿇어 손을 땅에 대고, 조용히 말을 한다. 형벌을 적용함에 엄하고 신속하게 하며, 살인한 자는 죽이고 그 가족은 노비로 삼는다. 도둑질한 자는 열두 배로 갚는다. 남녀가 음탕하거나, 부인이 투기를 하면, 이를 모두 죽인다. 특히 투기를 미워하여, 이미 죽은 시체를 나라의 남쪽 산 위에 두고 썩도록 놔둔다. 여자 집에서 이를 얻으려면 소나 말로 갚은 후 옮길 수 있다. 형이 죽으면 형수를 처로 삼는데, 흉노의 풍습과 같다.

其國은 善養牲하며 出名馬赤玉貂狖美珠하니 珠大者는 如酸棗니라.
以弓矢刀矛로 爲兵하고 家家自有鎧仗이라. 國之耆老가 自說古之亡
人이라 하다. 作城柵은 皆員이니 有似牢獄이라. 行道는 晝夜로 無老幼
皆歌하며 通日聲不絶이라. 有軍事에 亦祭天하고 殺牛觀蹄하야 以占
吉凶하니 蹄解者爲凶이오 合者爲吉하니라. 有敵에 諸加自戰하고 下戶
俱擔糧飲食之이라. 其死면 夏月皆用冰하며 殺人殉葬이러니 多者는
百數이요 厚葬하며 有槨無棺이라.

그 나라 사람들은 가축 사육에 뛰어나고, 명마名馬, 붉은 옥과 담비와
아름다운 구슬을 생산한다. 구슬이 큰 것은 대추만 하다. 활, 화살, 칼,
창을 병기로 삼고, 집집마다 모두 갑옷과 무기가 있다. 나라의 늙은 노
인들은 스스로 말하기를 '옛날의 망명인'이라 한다. 성을 지을 때 성책
을 둥글게 하니, 감옥과 같았다. 길을 갈 때 밤낮으로 노인과 아이 모두
노래를 부르니, 종일 노래 소리가 끊이지 않았다. 군사를 일으킬 때도
하늘에 제사를 지내니 소를 죽여 그 발굽 모양을 보고 길흉을 점쳤는데,
굽이 갈라져 있으면 흉하고 합쳐져 있으면 길하다. 적의 침입이 있으면,
제가諸加들이 직접 싸우고, 하호下戶들은 양식과 음료를 짊어지고 군사
들을 먹였다. 사람이 죽은 때가 여름이면 얼음을 사용한다. 사람을 죽여
순장을 하는데, 많을 경우는 수백 명이나 되었다. 장례는 후하게 치루
고, 곽은 있으나 관은 없다.

夫餘는 本屬玄菟라 漢末에 公孫度이 雄張海東하야 威服外夷어늘 夫
餘王尉仇台는 更屬遼東이라. 時에 句麗鮮卑가 彊이러니 度이 以夫餘
로 在二虜之間하야 妻以宗女러라. 尉仇台가 死하시니 簡位居가 立하다.

無適子오 有孼子麻余라. 位居가 死하시니 諸加가 共立麻余하다. 牛加兄子名位居가 爲大使로 輕財善施하니 國人이 附之하며 歲歲遣使하야 詣京都貢獻이러라. 正始中에 幽州刺史毌丘儉이 討句麗할새 遣玄菟太守王頎하야 詣夫餘하니 位居가 遣大加郊迎하고 供軍糧하다. 季父牛加가 有二心이어늘 位居가 殺季父父子하고 籍沒財物하야 遣使簿斂送官하다.

부여는 본래 현도에 속한다. 한나라 말기에 공손탁이 바다 동쪽으로 크게 세력을 넓혀 바깥 오랑캐를 위엄으로 복속시켰고, 부여 왕 위구태尉仇台는 다시 요동에 귀속되었다. 당시 고구려와 선비가 강성하자, 공손탁은 부여가 두 오랑캐 사이에 있다고 생각하고 종실의 딸을 위구태에게 시집보냈다. 위구태가 죽자 간위거簡位居가 왕위에 올랐다. 간위거에게 적자는 없고, 서자인 마여麻余만 있었다. 간위거가 죽자 諸加들이 함께 마여를 왕으로 세웠다. 위거라고 하는 우가牛加 형의 아들은 대사의 신분으로 재물을 가볍게 여기고 선을 베풀어 나라 사람들이 따랐고, 매년 경성에 사신을 파견하여 공물을 바쳤다. 정시正始 연간에 유주자사 관구검毌丘儉이 고구려를 벌할 때, 현도태수 왕기를 부여에 파견했는데, 위거位居가 대가大加를 보내 성 밖에서 맞이하고 군량을 보태었다. 막내 작은아버지 우가가 두 마음을 품고 있었으므로 위거는 막내 작은아버지와 그 아들을 죽이고 재물을 빼앗아 사자를 파견하여 몰수한 재산을 장부에 기록해 보내었다.

舊夫餘俗에 水旱이 不調하야 五穀이 不熟이면 輒歸咎於王이로대 或은 言當易이라하고 或은 言當殺이라 하다. 麻余가 死하시니 其子依慮가 年六歲에 立以爲王하다. 漢時에 夫餘王葬用玉匣이러니 常豫以付玄菟

郡하야 王이 死則迎取以葬하다. 公孫淵伏誅일새 玄菟庫에 猶有玉匣
一具러라. 今夫餘庫에 有玉璧珪瓚한대 數代之物을 傳世以爲寶러니
耆老가 言先代之所賜也라 하다. 其印文에 言濊王之印하고 國有故城
名濊城은 蓋本濊貊之地로대 而夫餘가 王其中하니 自謂亡人은 抑有
似也라

옛 부여의 풍속에 가뭄이 들고 날씨가 고르지 못하여 오곡이 익지 않으면, 갑자기 왕에게 허물을 돌리는데 어떤 사람은 다른 왕으로 바꾸어야 한다 하고, 어떤 사람은 죽이는 것이 마땅하다고 말했다. 마여가 죽었을 때, 그 아들 의려依慮는 여섯 살이었으나 왕으로 세웠다. 한나라 때에 부여 왕의 장례는 옥갑을 사용했는데, 평상시에 미리 현도군에 주어 왕이 죽으면 곧 가져다가 장사지냈다. 공손연이 주살되었을 때 현도군의 곳간에 옥갑 하나가 남아 있었다. 이제 부여의 곳간에는 옥벽과 규와 제기들이 대대로 전해 내려와 세세토록 보물로 모셔졌는데, 늙은 노인들은 '선대의 왕이 하사한 것'이라 한다. 도장에 '예왕의 도장'이라고 새겨져 있으며, 나라에는 '예성'이라 불리는 옛 성이 있다고 한다. 아마도 본래 예맥의 땅이며, 부여는 그 가운데에서 왕 노릇을 하며, 스스로 '망명인'이라 했는데, 아마도 이는 이유가 있는 일이다.

다. 『후한서後漢書』

「동이열전東夷列傳」
부여夫餘

夫余國은 在玄菟北千里라. 南與高句驪와 東與挹婁와 西與鮮卑接
하고 北有弱水하니 地方二千里오 本濊地也라. 初에 北夷索離國王이
出行하실새 其侍兒가 於後에 姙身하야 王이 還하사 欲殺之어시늘 侍兒
가 曰前에 見天上有氣하니 大如雞子라. 來降我하야 因以有身하노이
다 하니 王이 囚之하시다. 後에 遂生男이러니 王이 令置於豕牢이어시늘
豕가 以口氣로 噓之하야 不死하고 復徙於馬蘭하니 馬가 亦如之러라.
王이 以爲神하사 乃聽母收養하시니 名曰東明이라. 東明이 長而善射
하니 王忌其猛하사 復欲殺之러시니 東明이 奔走하야 南至掩㴲水라가
以弓으로 擊水하니 魚鼈이 皆聚浮水上하야 東明이 乘之得度하고 因至
夫餘하야 而王之焉하다.

부여국은 현도의 북쪽 천 리에 있다. 남쪽으로 고구려, 동쪽으로 읍루,
서쪽으로 선비와 접해 있다. 북쪽에는 약수가 있다. 그 범위는 이천 리
로 본래 예 땅이다. 처음에 북이의 색리국 왕이 출타 중에 그의 시녀가
후에 임신을 하게 되었다. 왕이 돌아와 시녀를 죽이려 하였다. 시녀가
말하기를, "지난번 하늘 위에 기를 보았는데 큰 계란과 같았습니다. 저
에게로 떨어져 내려오는 것을 보았는데 그런 뒤로 임신이 되었습니다."
라고 하였다. 왕은 시녀를 옥에 가두었는데 뒤에 아들을 낳았다. 왕이
그 아이를 돼지우리에 버리게 하였으나 돼지가 입김을 불어 주어 죽지
않았다. 다시 마구간으로 옮겼으나 말도 역시 이와 같았다. 왕이 그 아
이를 신이하게 생각하여 그 어미가 거두어 기르도록 허락하고 이름을
동명東明이라 했다. 동명은 자라면서 활을 잘 쏘았다. 왕이 그의 용맹함
을 꺼리어 다시 죽이고자 했다. 동명은 남쪽으로 도망하여 엄사수掩㴲水
에 이르러 활로 물을 치니 물고기와 자라들이 모두 모여 물위에 떠올랐
다. 동명은 그걸 밟고 물을 건너서 부여에 도착하여 왕이 되었다.

於東夷之域에 最爲平敞이라. 土宜五穀이라. 出名馬赤玉貂狖어늘 大珠는 如酸棗러라. 以員柵으로 爲城하고 有宮室倉庫牢獄이라. 其人은 麤大强勇而謹厚하야 不爲寇鈔라. 以弓矢刀矛로 爲兵하고 以六畜으로 名官하니 有馬加牛加狗加러라 其邑落은 皆主屬諸加하고 食飲에 用俎豆하고 會同에 拜爵洗爵하며 揖讓升降이러라.

(부여는) 동이의 땅 중에서 가장 평평한 평야로, 토양은 오곡이 잘 되고, 또 명마와, 붉은 옥, 담비 등이 나고, 큰 구슬은 대추만 하고 성책을 둥글게 하여 성을 쌓고, 궁실과 창고와 감옥이 있다. 그 사람들은 과격하고 크고 씩씩하고 용맹스러우며, 근실하고 인후해서 도둑질이나 노략질을 하지 않는다. 활과 화살, 칼, 창으로 병기를 삼는다. 여섯 가축으로 벼슬 이름을 지으니, '마가', '우가', '구가' 등이 있고, 읍락의 모든 군주는 모두 제가에 속한다. 음식을 먹을 때 조두(나무로 만든 제기)를 쓰고, 모이면 서로 절하면서 잔을 권하고 잔을 씻어 권하며, 서로 읍양하면서 오르내린다.

以臘月로 祭天하고 大會에 連日飲食歌舞하니 名曰迎鼓라. 是時에 斷刑獄하고 解囚徒라. 有軍事엔 亦祭天하니 殺牛하야 以蹄로 佔其吉凶이러라. 行人은 無晝夜로 好歌吟하며 音聲不絶이라. 其俗은 用刑嚴急하야 被誅者는 皆沒其家人하야 爲奴婢라. 盜는 一責十二하고 男女淫은 皆殺之로대 尤治惡妒婦하야 旣殺하고 復屍於山上하며 兄死면 妻嫂하고 死則有槨無棺이라. 殺人殉葬이러니 多者는 以百數라. 其王葬用玉匣이러니 漢朝常豫以玉匣으로 付玄菟郡하야 王이 死則迎取以葬焉하다.

선달에는 하늘에 제사를 지내는데, 매일 연이어 큰 모임을 가져 술 마

시고 노래 부르고 춤 추고 노는데 이것을 영고迎鼓라고 한다. 이 기간에
는 형벌과 옥사를 다스리지 않고 죄수를 석방한다. 군사에 관한 일이 있
을 때에도 역시 하늘에 제사를 지낸다. 소를 잡아 그 발굽으로 길하고 흉
한 것을 점친다. 행인들은 밤과 낮이 없이 노래 부르기를 좋아해서 소리
가 길에 끊어지지 않는다. 그 풍속은 형벌을 행함에 엄하고 급해서 사형
을 당한 자의 식구들을 모조리 노비로 삼고, 남의 물건을 도둑질한 자는
12배를 배상해야 했다. 남녀 간에 음란한 짓을 하면 모두 죽인다. 이 중
에도 질투하는 부녀를 엄하게 다스려서 이미 사람이 죽었는데도 다시
그 시체를 산 위에 갖다 내버린다. 형이 죽으면 형수를 아내로 삼는다.
사람이 죽으면 곽은 있어도 관은 없다. 사람을 죽여 순장시키는데 숫자
가 많은 자는 백 명이나 되었다. 왕의 장사에는 옥갑을 사용하였다. 한
나라 조정에서는 항상 미리 옥갑을 만들어서 현도군에 보내 두었다가
임금이 죽으면 이것을 갖다가 장사 지내게 했다.

建武中에 東夷諸國이 皆來獻見하다. 二十五年에 夫餘王이 遣使奉
貢하시니 光武가 厚答報之하다 於是에 使命歲通하다. 至安帝永初五
年에 夫餘王始가 將步騎七八千人하사 寇鈔樂浪하사 殺傷吏民하시고
後復歸附하시다.
永寧元年에 乃遣嗣子尉仇台하사 〔詣〕闕貢獻하니 天子가 賜尉仇台
印綬金彩하다.
順帝永和元年에 其王이 來朝京師하니 帝가 作黃門鼓吹角抵戲하야
以遣之하다. 桓帝延熹四年에 遣使朝賀貢獻하다.
永康元年에 王夫台가 將二萬餘人하사 寇玄菟하니 玄菟太守公孫域
이 擊破之하고 斬首千餘級하다. 至靈帝熹平三年에 復奉章貢獻하다.
夫餘本屬玄菟이어늘 獻帝時에 其王이 求屬遼東云하다.

건무 연간에 동이의 여러 나라들이 모두 와서 알현하였다. 25년, 부여왕이 사신을 보내서 공물을 바치자 광무제가 이에 후하게 이에 보답하였다. 이에 사신들의 왕래가 해마다 이루어졌다. 안제 영초 5년(111년)에 부여 왕 시始는 보병과 기병 7~8천 명을 데리고 낙랑을 침입하여 관리와 백성을 살상하고, 후에 다시 귀속하였다. 영녕 원년(120년)에는 아들 위구태尉仇台를 보내어 조공을 천자에게 바치므로 천자가 위구태에게 인수와 금채를 주었다.

순제 영화 원년에 그 임금이 경사에 와서 조회하자 천자는 황문고취와 각저희(씨름)를 하게 하여 관람시켜 보냈다. 환제 연희 4년에 사신을 보내 조하하고 공물을 바쳤다.

영강 원년(167년)에 왕 부태夫台가 군사 2만여 명을 거느리고 현도를 노략질하므로 현도태수 공손역公孫域이 이를 격파하고 1천여 명의 머리를 베었다. 영제 희평 3년에 이르러 다시 표장을 올리고 공물을 바쳤다. 부여는 원래 현도에 속하였으나 헌제 때에 그 나라의 왕이 요동에 예속되기를 청했다고 한다.

라. 『통전通典』

부여전夫餘傳

夫餘國은 後漢通焉이라. 初에 北夷의 槀離國王이 (按컨대 後漢魏二史에 皆云 夫餘國은 在高句麗北이라 하나 又案컨대 後魏及隋史에 高句麗는 在夫餘國南하고 而隋史에 云 百濟는 出於夫餘하고 夫餘는 出於高句麗國王子東明之後也라 하고 又謂

橐離國은 卽高麗國이오 乃夫餘國은 當在句麗之南矣라 한대 若詳考諸家所說로니 疑컨대 橐離는 在夫餘之北이오 別是一國이나 然이나 未詳孰是라) 有子曰東明이라 長而善射하니 王이 忌其猛하사 而欲殺之시라. 東明이 奔走하야 南渡掩㴲水라가 因至夫餘하야 而王之하다.

부여는 후한과 교통하였다. 당초에 북이의 탁리국 왕이 [생각건대 『후한서』와 『위략』 두 역사서에서는 모두 부여국이 고구려 북쪽에 있다고 했다. 다시 살피건대 『후위』와 『수사』에서는 고구려가 부여국의 남쪽에 있다고 했고, 또 『수사』에서는 백제가 부여에서 나왔고 부여는 고구려국 왕자인 동명의 뒤에 나왔다고 하고 다시 탁리국이 바로 고려국이며, 부여국은 마땅히 고구려의 남쪽에 있었을 것이라고 말하였다. 만약 여러 학자들의 주장을 자세히 살펴본다면 내 생각에 탁리는 부여의 북쪽에 있는 별도의 한 나라일 것이나 어느 것이 옳은지는 자세하지 않기 이름을 ‘동명’이라 하는 아들이 있었는데, 성장해 활을 잘 쏘자, 왕이 그의 용맹을 꺼리어 죽이려고 하였다. 그러자 동명은 달아나서 남쪽에서 엄사수를 건너고 부여로 가서 왕 노릇을 하였다.

順帝永和初에 其王이 始來朝하니 帝가 作黃門鼓吹角抵戱하야 以遣之하다.
夫餘는 本屬玄菟라 至漢末에 公孫度이 雄張海東하야 威服外夷어늘 其王이 始死하시니 子尉仇台가 立하야 更屬遼東이라. 時에 句麗鮮卑가 强이러니 度이 以夫餘로 在二虜之間하야 妻以宗女러라. 至孫位居가 嗣立하다.

순제 영화 초에 그 왕이 경사에 와서 조회하니, 천자가 황문으로 북을 치고 피리를 불게 하며 씨름을 공연해서 보여주고 나서 보내었다.

　부여는 본래 현도에 속해 있었다. 한나라 말기에 공손탁이 해동에서 세력을 확장하여 외이들을 위력으로 복속시키자, 그 왕 시始가 죽고 아들 위구태가 임금이 되고 다시 요동에 속하였다. 이 때 고구려와 선비가 강성해지자, 공손탁은 부여가 두 오랑캐의 틈에 끼어 있었기 때문에 종실녀를 시집보냈다. 손자 위서가 승계하여 즉위하였다.

　正始中에 幽州刺史毌丘儉이 將兵討句麗할새 遣玄菟太守王頎하야 詣夫餘하니 位居가 遣大加郊迎하시고 供軍糧이러시다. 自後로 漢時에 夫餘王葬에 用玉匣이어늘 常先以付玄菟郡이라가 王이 死則迎取以葬이러러 及公孫淵이 伏誅할새 玄菟庫猶得玉匣一具러러.

　정시 연간(240~248)에 유주자사 관구검이 군사를 거느리고 구려(즉 고구려)를 토벌하면서 현도태수 왕기〔음은 '기'이다〕를 부여에 보냈다. 위거왕께서 대가를 보내 교외에서 왕기를 맞이하게 하고 군량을 제공하셨다.

　후한 때부터 부여 왕의 장사에 옥갑을 썼는데 항상 미리 옥갑을 현도군에 보내 두었다가 왕이 죽으면 이것을 갖다가 장례를 지냈다. 공손연이 주살되었을 때, 현도군의 창고에는 아직 옥갑 한 구가 남아 있었다.

　晉時에 夫餘庫有玉璧珪瓚이러니 數代之物을 傳世以爲寶러니 耆老가 言先代之所賜也라 하다. 其印文에 言濊王之印하고 國有故

城名濊城은 蓋本濊貊之地라. 其國은 在長城之北하고 去玄菟千里니 南與高句驪와 東與挹婁와 西與鮮卑接하고 北有弱水하니 地方二千里라.

진나라 때, 부여의 창고에 옥벽과 규찬 등 여러 대에 걸쳐 사용된 물건이 대대로 전해져 보물로 삼고 있는데, 노인들은 선대의 왕께서 하사한 것이라고 말한다. 인장에 새겨진 글자는 '예왕의 인'이라고 되어 있으며, 나라 안에는 옛 성이 있어 이름을 '예성'이라 하는데, 대개 본래 예맥의 땅이기 때문이다. 그 나라는 장성의 북쪽에 있으니 현도에서 1천 리 떨어져 있다. 남쪽으로 고구려, 동쪽으로는 읍루, 서쪽으로 선비와 접해 있고, 북쪽에는 약수가 있으니, 땅은 사방이 2천 리이다.

有戶八萬이며 土宜五穀이나 不生五果라. 有宮室倉庫牢獄하며 多山陵廣澤하며 其人은 性强勇謹厚하야 不寇抄라. 以六畜으로 名官하니 有馬加牛加猪加狗加大使大使者使者러라. 邑落에 有豪民이니 名下戶는 皆爲奴僕이라. 諸加마 別主四出道호대 大者는 數千家요 小者는 數百家라.

8만 가구가 살았으며, 토지는 오곡이 자라는 데 마땅하나 오과는 나지 않는다. 궁실과 창고와 감옥을 갖추었다. 산이 많고 못이 넓다. 그 사람들은 덩치가 크고 성격이 강하고 용감하며, 조심스럽고 중후해서 도둑질이나 노략질을 하지 않는다. 육축(여섯 가지 가축)으로 벼슬 이름을 지어서 마가, 우가, 저가, 구가, 대사, 대사자, 사자 등이 있었다. 읍락에는 호민(부유한 세력가)이 있는데, 하호(가난한 일반 백성)로 이름 불리는 사람들은 모두 노비이다. 제가에서 각각 사출도를 다스리는데, 큰 것은 수천 집을 다스리고, 작은 것은 수백 집을 다스린다.

會同拜爵하고 揖讓升降이 有似中國이라. 以臘月로 祭天하며 譯人傳辭는 皆跪手據地竊語러라. 用刑嚴急하야 殺人者는 死하고 沒其家人하야 爲奴婢하다. 竊盜는 一責十二하고 男女淫과 婦人妒는 皆殺之러라. 兄死妻嫂는 與北狄으로 同俗이라. 出名馬赤玉貂豽美珠어늘 大者는 如酸棗러라 以弓矢刀矛로 爲兵하니 家家自有鎧仗이라. 作城柵은 皆圓이니 有似牢獄이라. 行人은 無晝夜로 好歌吟하며 通日聲不絶이라.

여럿이 모였을 때는 절하고, 술잔을 권하며, 서로 읍하고 사양하면서 오르내리는데, 이는 중국과 비슷하다. 납월(음력 12월)에 하늘에 제사를 지내며, 통역인이 말을 전할 때는 모두 무릎을 꿇고 손을 땅에 대고 가만가만 말을 한다.

형벌을 적용하는 것은 엄격하고 신속하여, 살인한 자는 죽이고, 그의 가족을 적몰하여 노비로 삼는다. 도둑질한 자는 열두 배로 갚으며, 남녀가 음란하거나 부인이 투기를 하면 모두 죽인다. 형이 죽으면 아우가 형수를 처로 삼는데, 이는 북적과 풍습이 같다.

명마와 붉은 옥, 담비, 아름다운 구슬 등이 난다. 구슬이 큰 것은 멧대추만 하다. 활과 화살, 과나 모 같은 창으로 병기를 삼으며 가(家)마다 스스로 갑옷과 무기를 가지고 있다.

성책을 쌓는데 모두 둥글게 만들어서 마치 감옥과 같다. 길을 가는 사람은 밤이고 낮이고 할 것 없이 노래를 부르는 것을 좋아하여 온종일 노랫소리가 끊이지 않는다.

有軍事엔 亦祭天하니 殺牛觀蹄하야 以占吉凶호대 蹄解者는 爲凶이요 合者는 爲吉이라. 有敵에 諸加自戰이러니 下戶는 但擔糧食之러라. 其死하면 夏月에 皆用冰하며 殺人殉葬이러니 多者는 百數요 厚葬하며 有棺無槨이리(其居喪日 男女가 不婚娶하고 婦人은 著布面衣하고 去環珮라하니 大體는 與中國으로 髣髴이라).

전쟁을 할 때에도 하늘에 제사를 지낸다. 소를 잡아 발굽을 보고 길흉을 점치는데, 발굽이 갈라져 있으면 흉조이고 합쳐져 있으면 길조이다. 적이 침입하면, 제가가 스스로 전쟁을 하며 일반 백성들은 다만 식량을 담당하여 그들을 먹인다.

그들이 죽으면 여름에는 얼음을 사용하고, 사람을 죽여 순장을 하는데, 많을 경우 백 명에 이르기도 하였다. 장사는 후하게 치루지만 관만 있고 곽은 없다. (그들이 상을 치를 때는 남녀가 혼인을 하지 않고, 부인은 베로 된 면의를 쓰고 패옥을 몸에서 떼놓는다고 하니, 이는 대체로 중국과 서로 비슷하다).

至太康六年에 爲慕容廆所襲破일새 其王依慮가 自殺하시고 子弟가 走保沃沮하니 武帝가 以何龕으로 爲護東夷校尉하다. 明年에 夫餘後王依羅가 遣使詣龕하사 求率見人還復舊國하시니 龕이 遣督郵賈沈하야 以兵送之러라. 爾後에 每爲廆掠에 其種人하야 賣於中國하니 帝가 又以官物로 贖還하야 禁市夫餘之口하니라. 自後로 無聞이라.

태강 6년(285년)에 이르러 모용외의 습격을 받아 패하여 그 왕 의려가 자살하고, 그의 자제들은 옥저로 달아나 목숨을 보전하였다. 무제는 하감을 호동이교위로 삼았다.

이듬해 부여 왕 의라가 하감에게 사자를 보내 남은 사람들을 이끌고 돌아가서 다시 옛 나라를 회복하기를 원한다며 도움을 요청했다. 하감은 독우 가침을 보내 군사로 그 사자를 호송하게 하였다. 그 후에 모용외가 매번 그 종족 사람들을 붙잡아 중국에 파니, 황제가 다시 정부의 물사로써 속환하였으며, 부여 사람들을 매매하는 것을 금지시켰다. 이후로는 들은 것이 없다.

北 夫 餘 紀

※판본『배달의숙본』

秋七月王從弟謂國人曰先王身弑國亡人民無所依曷

思偏安不能自國吾亦才智魯下無望興復寧降以圖存

以故都人民萬餘口投高句麗高句麗封爲王安置椽那

部以其背有絡文賜姓絡氏後稍自立自開原西北徙到

白狼谷又近燕之地至文咨烈帝明治甲戌以其國拆八

于高句麗椽那部絡氏遂不祀

迦葉原夫餘紀

桓檀古記

四十六

侵卒本城大雪多凍死乃退

癸酉十九年王侵攻高句麗至鶴盤嶺下遇伏兵大敗

壬午二十八年二月高句麗擧國來侵王自率衆出戰遇

泥淖王御馬陷不得出高句麗上將怪由直前殺之我軍

猶不屈圍數重適大霧七日高句麗烈帝潛師夜脱從間

道而遁去夏四月王弟與從者數百人奔至鴨綠谷見海

頭王出獵遂殺之而取其民走保曷思水濱立國禰王是

爲曷思至太祖武烈帝隆武十六年八月都頭王見高句

麗日强遂擧國自降凡三世歷四十七年而國絶命都頭

爲于台賜第宅以理春爲食邑仍封爲東夫餘侯

開新國是爲高句麗始祖也

癸酉三十九年王薨太子金蛙立

二世金蛙　　在位四十一年

甲戌元年王遣使高句麗獻方物

甲寅四十一年王薨太子帶素立

卒本命以皇太后禮遷就山陵建廟祠于其側

丁酉二十四年柳花夫人薨高句麗以衛兵數萬返葬于

三世帶素　　在位二十八年

乙卯元年春正月王遣使高句麗請交質子高句麗烈帝

以太子都切爲質都切不行王憑之冬十月以兵五萬往

迦葉原夫餘紀

桓檀古記　　四十五

媒而從之遂謫居邊室高慕漱本名弗離支或曰高辰之

孫王異柳花同乘還宮而幽之是歲五月五日柳花夫人

生一卵有一男子破殼而出是謂高朱蒙骨表英偉年甫

七歲自作弓矢百發百中夫餘語善射爲朱蒙故以名云

甲辰十年王老無子一日祭山川求嗣所乘馬至鯤淵見

大石相對俠淚王怪之使人轉其石有小兒金色蛙形王

喜曰此乃天賚我令胤乎乃收而養之名曰金蛙及其長

立爲太子

壬戌二十八年國人以高朱蒙爲不利扵國欲殺之高朱

蒙奉母柳花夫人命東南走渡淹利大水到卒本川明年

迦葉原夫餘紀

伏崖居士 范樟 撰

始祖鮮夫妻 在位三十九年하다

乙未元年이라 王爲北夫餘所制從居迦葉原하사 亦稱岔陵宜五이라

穀左多麥하고 又多虎豹熊狼하야 便放獵하다

暖又給田耕作하시니 不數年國富民殷하시고 時有時雨滋岔陵民歌하니

丁酉三年이라 命國相阿蘭弗設賑招撫遠近流民하사 使及時餓에

王正春之謠하다

壬寅八年이라 先是河伯女柳花出遊爲夫餘皇孫高慕漱之가

所誘하야 強至鴨綠邊室中而私之러니 仍廾天不歸하고 父母責其無는

迦葉原夫餘紀

帝生而有神德能以呪術로呼風喚雨하사고善賑大得民心하사有小

鮮慕潄之稱時하사다에漢寇騷亂遍하야于遼左屢戰得捷하시다

癸亥二年帝巡到寧古塔하사다得白獐하시니冬十月帝崩高朱蒙以

遺命으로八承大統하다

先是帝無子見高朱蒙爲非常人以女妻之하시고至是即位時이

年二十三時이라에下夫餘人將欲殺之어늘奉母命이與烏伊摩離陜

父等으로三人爲德友하고行至岔陵水하야欲渡無梁恐爲追兵所迫이라

告水曰我是天帝子河伯外孫오今日이니逃走追兵垂及奈何오

於是에魚鼈浮出成橋하야始得渡魚鼈乃觧하다

川之漢寇與遺民幷力所向連破漢寇擒其守將拒以有

備

乙未二十三年北夫餘舉城邑降屢哀欲保帝聽之降封

鮮夫妻爲侯遷之岔陵帝前導鼓吹率衆數萬而入都城

仍稱北夫餘秋八月與漢寇屢戰于西鴨綠河之上大捷

壬寅三十年五月五日高朱蒙誕降于岔陵

辛酉四十九年帝崩以遺命殯于卒本川太子高無胥立

六世檀君高無胥　　在位二年

壬戌元年帝即位于卒本川與父老會于白岳山立約祭

天頒行事例內外大悅

北夫餘紀下　　　　　　　　伏崖居士　范樟　撰

五世檀君高豆莫年　一　云豆莫婁妻在位二十二　在帝位二十七年

癸酉元年이라是爲檀君高于妻十三年이라

帝爲人豪俊善用兵嘗見北夫餘衰漢寇熾盛하시고慨然有濟世之志러시니至是即位於卒本自驪東明或云高列加之後也라

乙亥三年帝自將傳檄所至無敵不旬月衆至五十에每與戰漢寇望風而潰하니遂引兵渡九黎河追至遼東西安平乃하사

古豪離國之地라

甲午二十二年是爲檀君高于妻三十四年帝遣將破裏

桓檀古記

四十一

北夫餘紀上

桓檀古記

天帝子將欲都之王其避之帝難之是月帝憂患成疾而崩皇弟鮮夫婁立東明王以兵脅之不已君臣類難之國相阿蘭弗奏曰通河之濱迦葉之原有地土壤膏腴宜五穀可都遂勸王移都是謂迦葉原夫餘或云東夫餘

癸亥三年右渠賊大擧八冠我軍大敗海城以北五十里

之地盡爲虜有

甲子四年帝遣將攻海城三月而不克

丙寅六年帝親率精銳五千襲破海城追至薩水九黎河

以東悉降

丁卯七年設木柵扤坐原置軍扤南閭以備不虞

癸酉十三年漢劉徹冠平邧滅右渠仍欲易置四郡盛以

兵四侵於是高豆莫汗倡義起兵所至連破漢冠遺民四

應以助戰軍報大振

甲午三十四年十月東明國高豆莫汗使人來告曰我是

三世檀君高奚斯　在位四十九年

壬申元年이라正月에樂浪王崔崇納穀三百石于海城하다先是崔

崇自樂浪山載積珍寶而渡海하야至馬韓都王儉城하니是檀君

鮮慕漱丙午冬也라

庚申四十九年이라一羣國遣使獻方物하다是歲九月에帝崩太子

癸丑四十二年이라帝躬率歩騎一萬하사破衛賊於南閭城하시고置吏하시니

高于妻立하다

四世檀君高于妻（一云解于婁）　在位三十四年

辛酉元年이라遣將討右渠不利어늘擢高辰守西鴨綠하야增强兵力하고

多設城柵能備右渠有功하야陞爲高句麗侯하다

北夫餘紀上　　桓檀古記　　四十

後爲流賊所敗亡入于海而不還諸加之衆奉上將卓大
擧登程直到月支立國月支卓之生鄉也是謂中馬韓於
是弁辰二韓亦各以其衆受封百里立都自號皆聽用馬
韓政令世世不叛

戊申二年帝遣上將延佗勃設城柵扵平壤以備賊滿滿
亦厭苦不復侵擾

己酉三年以海城屬平壤道使皇弟高辰守之中夫餘一
域悉從糧餉冬十月立京鄉分守之法京則天王親總衛
戍鄉則四出分鎭恰如柶戲觀戰龍圖知變也

辛未二十五年帝崩太子高奚斯立

壬辰三十一年陳勝起兵秦人大亂燕齊趙民亡歸番朝_{이라}_{이니}_의_{하야}_{하니}

鮮者數萬口分置扵上下雲障遣將監之_가_라_{하고}_{하다}

己亥三十八年燕盧綰復修遼東故塞東限浿水浿水今_{이라}_{이라}_{하고}_{하니}_는

潮河也_라

丙午四十五年燕盧綰叛漢入凶奴其黨衛滿求亡扵我_{이라}_{시니라이나}_이_{하니}_{하야}_{어늘}

帝不許然帝以病不能自斷番朝鮮王箕準多失機遂拜_{하시고}_{하시니라}_{하야}

衛滿爲博士劃上下雲障而封之是歲冬帝崩殂于熊心_{하시고}_에_{하시니}

山東麓太子嘉潄離立_{하고}_가_{하다}

二世檀君嘉潄離　在位二十五年

丁未元年番朝鮮王箕準久居須臾嘗多樹恩民皆富饒_{이라}_{하야}_{하니}_라

北夫餘紀上　　桓檀古記　　三十九

人이推爲檀君하니是爲北夫餘始祖也시니라冬에十月立公養胎母之

法하고敎人에必自胎訓始하다

壬申十一年北漠酋長山只喀隆襲寧州하야殺巡使穆遠登하고

大掠而去하다

庚辰十九年丕釐子準襲父하야封爲番朝鮮王하고遣官監兵ㅊ하야

致力扙備燕하다先是燕遣將秦介侵我西鄙하고至涌番汗爲界하다

辛巳二十年命祭天于白岳山阿斯達하시고七月에起新闕三百

六十六間하고名爲天安宮하다

癸未二十二年滄海力士黎洪星與韓人張良이狙擊秦王으로

政于博浪沙中誤中副車하다

伏崖居士　范樟　撰

始祖檀君解慕漱

在位四十五年

壬戌元年帝天姿英勇神光射人望之若天王郎年二十

三從天而降是檀君高列加五十七年壬戌四月八日也

依熊心山而起等室蘭濱戴烏羽冠佩龍光釰乘五龍車

與從者五百人朝則聽事暮則登天至是即位

癸亥二年是歲三月十六日祭天設烟戸法分置五加之

兵屯田自給以備不虞

己巳八年帝率衆徒諭故都五加遂撤共和之政於是國

北夫餘紀